혼다 사오리의
집이 좋아지는
파리 수납

Honda's Eye in Paris

[혼다 사오리의]

집이 좋아지는 **파리 수납**

정리 수납 컨설턴트 **혼다 사오리** 지음

터닝
포인트

근사한 인테리어 잡지에서 종종 보게 되는 파리 가정의 세련된 라이프 스타일.

색채를 많이 사용했는데도 전체적인 톤은 잘 맞고

무심히 놓아둔 것 같은 소품은 포인트가 되고

조명을 사용한 센스는 탁월해서

인테리어 감각을 배울 수 있는 많은 힌트를 발견하게 됩니다.

하지만 이번 취재에서는 조금 더 욕심을 부려서

아홉 곳의 파리지앵의 집을 찾아가

그들의 수납법을 직접 보고 왔습니다.

어디든지 마음껏 열어보라고
흔쾌히 집 안을 보여주신 많은 분.
실내 장식만큼이나 수납법과 소유한 물건이
제각각 개성이 다르다는 점을 알게 되었습니다.
집 안 구조와 가족 구성원
그리고 생활에서 우선시하는 일에 따라
수납에도 그들만의 독창성이 있었습니다.

나이스 아이디어!

저도 자주 사용하는 '무인양품'이나 'IKEA'의 수납용품과 생활 잡화를
활용하는 모습도 많이 볼 수 있어서 친근하기도 했습니다.
반대로 일본에서는 볼 수 없지만 프랑스에서는 흔히 쓰는
핫 아이템을 발견한 것은 신선했습니다.

마지막 챕터에서는 방 두 개에 주방뿐인 협소한 주거 공간이지만,
변화를 거듭하는 제가 사는 모습도 함께 소개해드리겠습니다.
개성 넘치는 아홉 가정과 저의 공간을 플러스한
주택 방문기를 즐기시길 바랍니다.

차
례

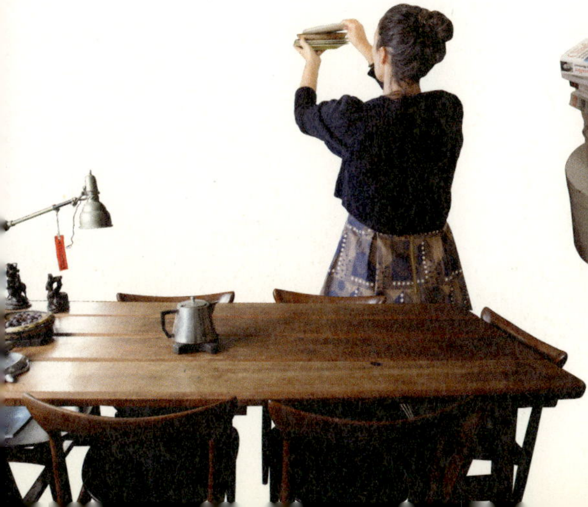

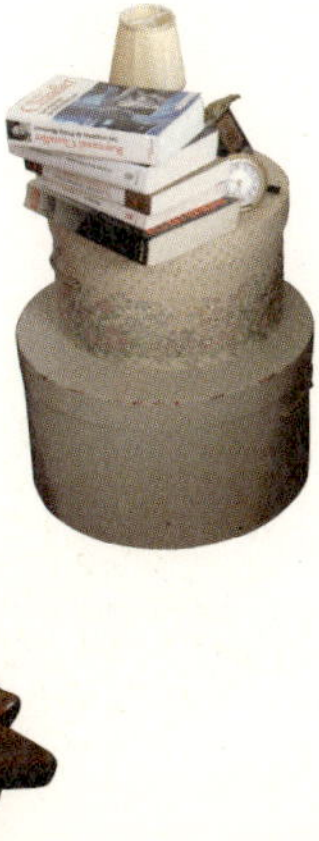

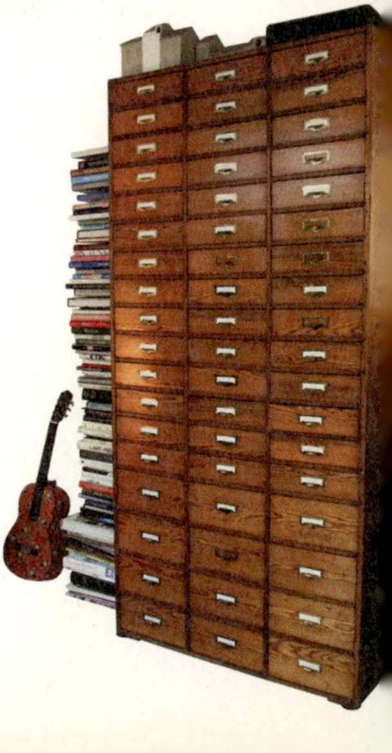

1

바로 따라 할 수 있다!

바구니와 보존병 사용 센스가
매력적인 집

실비 르 마우트

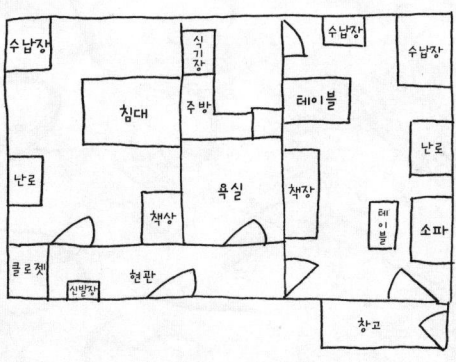

실비 씨가 사는 곳은 온기가 느껴지는 원목 가구와 관엽 식물이 많아 포근하게 힐링되는 공간이다. 장래에 직접 구운 과자를 제공하는 카페 경영을 꿈꾸는 사람이 꾸민 집답게 매일이라도 찾아가고 싶을 만큼 쾌적하게 느껴진다.

게다가 심플한 공간인데도 인테리어 아이템 하나하나의 표정이 풍부하게 살아 있다. 모두 팝업숍이나 견본시장에서 단 한 번의 만남으로 구한 물건들이란다.

그런 심미안을 가진 그녀답게 집 안에 있을 때는 자신의 취향에 맞는 물건만 시야에 들어오도록 배치한다고 한다.

예를 들어 패키지 디자인이 마뜩치 않은 물건은 유리병에 내용물이 보이도록 옮겨 담는다. 그리고 가지런히 놓아 통일성을 주며 집 안의 인테리어와 일치시키는 식이다.

목제 완구 회사에서 일하는 사람이라 소재를 고르는 데도 여간 깐깐한 게 아니어서 되도록 플라스틱 제품은 들이지 않는다고. 이런 소소한 애착이 모이고 모여서 쾌적한 공간을 만들어내는 것 같다.

식기와 주방 도구 그리고 가구에 이르기까지 심플한 '무인양품'의 상품도 꽤 많아서 '무인양품 마니아'인 나로서는 친근감이 마구마구 솟았다.

Sylvie Le Maoût 실비 르 마우트

`나이 / 직업` 35세 / 회사원

`주거` 아파트

`집구조 / 넓이` 1LDK / 60㎡

`가족 구성` 2인 + 고양이 1마리

`거주 기간` 5년

독일의 목제 완구 메이커 'HEIMESS'의 프랑스 지부를 맡고 있다. 남자 친구와 고양이 샤샤[프랑스어로 '샤Chat'는 '고양이'라는 의미]와 함께 살고 있다. 과자 만드는 것을 아주 좋아하는 그녀는 파티시에 국가 자격도 가지고 있다.

KITCHEN

주방

눈에 거슬리는 패키지는 철저하게 배제, 보존병과 바구니로 쾌적하게

눈에 보이는 곳에는 마음에 꼭 드는 물건만 놓는 것이 수납에 관한 실비 씨의 기본 원칙이다.

주방은 그런 그녀의 고집이 잘 살아 있는 공간. 수집하고 있는 도기나 패브릭은 디스플레이처럼 수납한다. 그리고 엄선한 식재료는 장터나 BIO 슈퍼에서 소량만을 종이봉투에 담아 사서는 집에 오면 바로 투명 용기나 바구니에 옮겨 넣는다. 이런 식으로 글자나 일러스트의 범람을 억제하면 집 안이 깔끔할 뿐 아니라 보존량이 얼마나 되는지 확인하기도 쉽다.

거실로 연결된 주방 문에 잔뜩 붙여둔 레시피. 노트에 정리해서 치워버리면 정작 만들고 싶을 때는 잊어버리기 십상이지만, 이렇게 눈에 보이는 곳에 붙여두면 바로 활용할 수 있는 레퍼토리가 많아서 좋다고.

꼭맞는다!

① 유기농 밀가루, 베이킹파우더, 초콜릿 등 과자 만드는 데 필요한 재료를 꼭 알맞게 수납. 선반 높이를 공간 낭비 없이 활용한다.

낮음

사용빈도

높음

② 선반 별로 병, 유리잔, 나무 소재 용기로 나눠 수납하니 문을 열었을 때 정돈되어 보인다. 제일 위 칸에는 사용 빈도가 낮은 케이크용 컵 종류를 수납.

④ 일본 가정에서는 거의 볼 수 없는 앞으로 당기는 타입의 회전 선반. 깊숙한 곳에 수납한 것은 잘 안 쓰게 되는데 이런 선반을 설치하면 바로 꺼내 쓸 수 있어 편리하다.

안쪽까지 잘 보인다!

투명 유리병에 아무렇게나 넣어둔 티백. 사오자마자 바로 옮겨 담는다.

③ 티백이나 보온병처럼 차에 관련된 물건을 한데 모은 코너. 안쪽에는 키 큰 상자를 놓고 앞에는 키 작은 것을 놓아 전체가 한눈에 보인다. 그녀는 유기농법으로 재배한 홍차를 즐긴다고.

세워 수납하면 꺼내 쓰기도 좋다

⑤ 패키지 디자인이 마음에 들지 않는 자잘한 양념병은 나무 트레이에 한데 모아 싱크대 아래에 안 보이게 수납한다. 이런 공간까지 낭비하지 않고 활용한다.

꺼내 쓰기 편한 게 좋다면 꽂아서 수납

매일 사용하는 주방 도구는 용기에 꽂아서 수납한다. 유리, 스테인리스, 나무로 소재를 통일시키면 물건을 많이 놓아도 어수선해 보이지 않는다. 시야에 들어오는 색을 몇 가지로 제한하는 것도 깔끔 수납 포인트.

+
좁은 공간을 지혜롭게 활용

캐니스터에 옮겨 담기

건조식품을 담는 용기를 같은 디자인의 캐니스터로 통일했더니 정돈된 느낌이 든다. 몇 개씩 쌓아 놓으면 좁은 공간이라도 OK! 모두 '르 파르페Le Parfait' 제품으로 통일시켰다. 수납장 상단에 보관 중인 유기농 밀가루나 아몬드파우더, 콩 등을 필요한 만큼만 담아놓고 사용한다.

평소 사용하는 접시나 커트러리는 한데 모아 냉장고 위에 올려놓았다. 커트러리는 소재별로 분류하기만 해도 정돈된 느낌이다. 일상적으로 사용하는 물건이니 먼지가 쌓일 새도 없고 꺼내 쓰기도 편하다.

검은 아이언과 나무 선반이 마치 그네처럼 보이는 심플한 수납 선반은 생마르탱 운하 근처의 팝업숍에서 발견한 것이라고. 실비 씨는 북유럽 가구를 좋아한다.

6인용 쓰레기통

쓰레기통은 서로 다른 소재 두 개를 위아래로 놓고 사용하는데 사이즈가 거의 같아서 위화감이 없다. 좁은 주방을 넓게 쓰는 지혜가 엿보인다. 아래의 하얀 플라스틱 통은 음식물 쓰레기용.

쓰레기통으로 쓰는 천연 소재 바구니. 여기에는 재활용 가능한 종이류를 담는다. 가벼워서 바닥에 내리기도 쉽고 바구니 모양이라 그대로 옮길 수도 있다.

나이프, 포크, 스푼이 얌전하게 들어 있는 커트러리 공간. 나무 상자 안을 잘 보면 나이프는 날과 손잡이 부분을 어긋나게 놓았고 포크는 같은 방향으로 가지런히 놓았다.

작은 냄비는 크기 순서로 예쁘게 포개어 수납. 두 사람 살림이라 작은 냄비를 자주 쓸 것 같다. 마음에 드는 식기라도 어쩌다 가끔 사용하는 큰 그릇은 서랍 안에 넣는다.

뭐가 어디에 있는지 한눈에 보이는 수납. 자주 사용하는 것일수록 위쪽과 앞쪽에 놓는다. 중앙에 있는 치즈 슬라이서는 프랑스 가정의 필수 아이템.

요리나 과자 만들기를 좋아하는 실비 씨에게 이 주방은 이상적인 공간이다. 거실에서도 보이는 이 코너에는 그녀가 좋아하는 그릇들을 디스플레이처럼 수납했다. 장인이 딱 하나 제작했다는 그릇을 중심으로 일본의 '무인양품', '세라믹 재팬'의 '모데라토moderato 시리즈', 프랑스의 'Atelier Halo'에서 마음에 드는 것으로만 골라 구입한 것. 아래 단으로 내려올수록 사용 빈도가 높은 물건들이다.

자주 사용하는 트레이 종류를 한데 담은 바구니. 물건을 트레이 위에 정리하는 일도 많아 작은 것부터 큰 것까지 갖추어놓았다.

좋아하는 패브릭 아이템은 서랍 깊숙이 넣지 않고 바구니에 수납한다. 벼룩시장에서 발견한 작은 여아용 바구니를 창문 손잡이에 걸고 작은 테이블클로스를 담았다. 매일 바구니를 들여다보면서 그날 쓸 테이블 클로스를 고르는 재미가 쏠쏠하다. 왼쪽 아래의 패브릭을 덧댄 바구니는 10년 전에 파리의 일본 잡화점에서 발견한 것으로 고양이의 장난감을 안 보이게 넣어두었다. 오른쪽 아래 바구니는 'Fleux'라는 잡화 셀렉트숍에서 구입한 것. 미루나무 재질이며 아끼는 바구니다. 식기용 행주를 넣어둔다. 쓰레기통으로 사용하는 슈퍼마켓 봉지는 보기에 예쁘지 않아서 착착 접어서 에코백 안에 넣는다.

테이블클로스

슈퍼마켓봉지

고양이 장난감

행주

와이어 바스켓에 아무렇게나 담아 둔 과일. 실용적이면서도 주방에 싱그러운 기운을 더해주는 오브제 효과까지 있다.

따라 하기 쉬운 과일 디스플레이

테이블 위에 놓인 과일과 채소. 붉은빛이 감도는 서양배가 마치 한 폭의 정물화 같다. 유리잔에 초록 식물을 하나 꽂아두었을 뿐인데 생명력 넘치는 디스플레이가 되었다. 안쪽에 작은 단호박을 놓아둔 것도 그녀다운 센스.

LIVING ROOM
거실

초록 식물, 목제 가구, 난로······
자신에게 맞는 쾌적함을
제대로 알고 만든 공간

길게 뻗은 나무줄기와 누드톤의 소파가 부드러운 인상을 더해 전체적으로 아늑한 공간으로 연출. 나무줄기를 낚싯줄로 천장에 매달아 뻗어 나가게 했다. 소파 앞에 비치한 낮은 탁자는 '무인양품' 제품.

일본 제품을 좋아한다는 실비 씨. 이유를 물어보니 섬세한 감각과 물건을 아껴 쓰는 철학, 누드톤의 색조 등을 좋아한다며 기쁜 얼굴로 대답해주었다. 일본인인 내가 이 집에서 쾌적함을 느낀 것도 그녀의 감각을 친숙하게 느껴서였나 보다.

이 대리석 난로와 큼지막한 거울을 보고 한눈에 반해 아파트 임대계약을 했다고 한다. 커다란 거울은 집 안을 넓어 보이게 할 뿐 아니라 기분까지 탁 트이게 해준다고.

왠지 그림이 되는……

선반 높이에 맞는 책은 세워서 수납하고 세울 수 없는 책은 크기별로 나누어서 눕혀 넣었다. 지진이 잦은 일본에서는 책장을 고정해야겠지만 지진 걱정이 없는 파리에서는 쓰러질 염려가 거의 없다고.

속옷이나 양말, 패브릭 같은 것을 칸마다 깔끔하
게 수납했다. 의류를 수납하는 가구가 왜 거실에
있는지 궁금해서 물었더니 가구의 디자인이 거
실과 잘 어울려서란다. 그녀 생각에는 생활 동선
보다 인테리어가 우선순위에 있는 듯.

벨트나 넥타이를 넣은 첫 번째 서랍. 벨트는 하나씩 돌돌
말아서 수납한다. 한눈에 무엇이 있는지 알 수 있게끔 포
개 넣지 않아 공간이 여유롭다.

양말이나 스타킹을 꽉 차게 수납한 아래쪽 서랍. 둥글게
만 스타킹이 서랍 절반을 차지. 작게 접은 양말은 두 줄로
가지런히 정돈되어 있다.

PASSAGEWAY

복도

그녀의 옷이 수납된
복도 끝 클로젯

손이 잘 닿지 않는 상단에는 철 지난 옷을 수납하고 눈높이 선반에
는 자주 입는 옷을 수납한다. 스웨터나 카디건, 얇은 상의, 바지나
스커트까지 아이템별로 차곡차곡 수납했다. 클로젯 위에는 발행된
지 10년도 더 된 일본 여성 패션지가 가지런히 꽂혀 있었다.

Closed

발행된지
10년도 더 된
'Non-no'가!

현관 바로 옆에 달린 빈티지한 전기 미터기도 인테리어로 활용! 쇠붙이 부분에 영화나 콘서트 티켓을 잊어버리지 않게 끼워둔다.

평소 자주 신는 신발을 붉은 와이어 신발걸이에 수납. 신발장이 없는 집이라면 제법 괜찮은 아이템인 듯.

파리 10구에 위치한 부티크 'Centre Commercial'에서 구입한 50~60년대의 수납랙. 단마다 나무판의 색이 다르다.

복도 벽면에 오브제 같은 목재 소재의 둥근 후크 세 개를 나란히 박아놓았다. 보기에 아기자기할 뿐 아니라 가방까지 걸 수 있을 만큼 안정감도 있다. 이것도 'Fleux'에서 구입해서 직접 달았다고.

BEDROOM
침실

편히 쉬고 싶은 침실에는 물건을 많이 두지 않는다. 바닥부터 벽면까지 여백이 많으니 탁 트이고 쾌적한 인상을 준다.

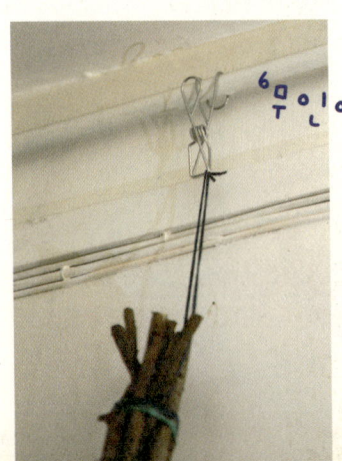

'무인양품' 발견!

'무인양품'에서 구입한 후크가 달린 클립을 이용해서 드라이플 라워를 매달아놓았다. 공간 구성에 '무인양품'의 상품이 유용하게 사용.

대자연 속에서 자랐다는 그녀는 침실에도 초록 식물
을 빠뜨리지 않았다. 거실과 마찬가지로 대리석 난
로와 큰 거울이 있어 차분한 공간으로 연출되었다.

손님용 침구는 철제 수납랙에
수납. 가벼워 보이는 수납을
생각했다. 참고로 이 철제 랙
은 호텔 뒤에 버려진 것을 주
워 온 것이라고.

대충 포개놓은 것처럼 보이는
모자가 오브제처럼 멋스럽다.
거울 앞에 놓으니 아침에 나
갈 때 고르기도 쉽다. 일상적
으로 모자를 잘 쓰는 사람에
게 실용성이 높은 수납 방법.

Closed

목제 수납장에는 빳빳하게 다림질해
놓은 침대 커버를 수납했다. 크기별로
쌓아두었지만, 수납장 가득 채워 넣지
않으니 보기에도 깔끔하다. 남자 친구
의 옷은 반듯하게 개켜서 아래 칸에
수납.

BATHROOM

욕실

샴푸와 보디샴푸는 남자 친구와 함께 사용하니 한 사람분 수납공간으로 충분하다. 벽면 거울은 약간 기울어지게 달아서 키가 작은 실비 씨가 사용하기에도 편하다.

① 바닥에 떨어지면 깨질까 싶어 욕실에서는 주로 플라스틱 용기를 사용하지만 자잘한 것은 도기 그릇에 담아두었다. 싸구려 티가 나지 않아 마치 디스플레이 같다.

② 공룡 피겨를 팔찌걸이로 사용하는 아이디어가 재밌다. 아래턱에는 귀고리를 건다고, 장난감 가게에서 발견한 애장품.

③ 각종 코스메틱은 패키지 컬러를 같은 계열로 맞추어 차분하게 페미닌 스타일로 연출. 남자 친구와 함께 쓰는 아이템도 있다.

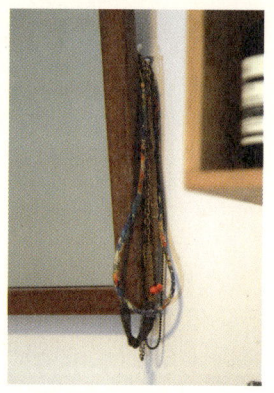

④ 거울 옆에 티 나지 않게 고리를 달
고 목걸이를 걸어놓았다. 거울을 보면
서 고를 수 있어서 좋다.

⑤ 칫솔케이스로 판매하는 뚜껑 달린 도기 용
기에 욕실에서 사용하는 청소용품을 담았다.
필요할 때 바로 쓸 수 있어서 편리하다. 낡은
칫솔은 청소용으로 재활용.

길에 버려져 있던 수납 아이템. 문을 여닫을 때 방해
가 되지 않을 만큼 깊이도 딱 알맞다. 욕실이나 세면
대 주변에서 필요한 모든 것을 수납.

'Habitat'에서 구입한 둥근 바구니에는 욕실용품을
대충 담아놓고 쓴다. 옛날부터 취향이 전혀 변하지
않았다며 실비 씨는 웃었다.

마치 '둥지' 같은

파리 미니멀리스트가 사는 집

티에리 그라프트

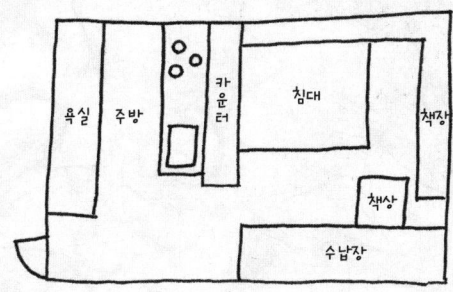

Room of the minimalist.

손수 만든 모형.
내장 설계는 모두 티에리 씨 작품.

겨우 15㎡ 남짓한 원룸에서 기능적이면서도 쾌적한 생활을 하고 있는 티에리 씨. 목제 가구로 통일시키고 생활필수품은 깔끔하게 선반 위에 정리해 미니멀 인테리어를 연출한다. 아무것도 없이 휑한 집은 자칫 차가워 보일 수 있는데 그의 집은 뭐라 표현할 수 없는 쾌적함이 있다.

버섯이나 새 모양의 오브제를 곳곳에 적절하게 배치한 풍경에서 티에리 씨의 온화한 성품이 전해진다.

전에 살던 집보다 좁은 이곳으로 이사 올 때, 가지고 있던 살림 전부를 들여놓을 수 없었다는 티에리 씨. 그때 얼마나 많은 것을 능숙하게 보관하느냐가 아닌 어떻게 하면 쾌적하게 살 것인가를 중시했다고. 생활에 꼭 필요한 것과 여행의 추억이 담긴 물건만을 남기고 나머지는 과감하게 처분해버렸다. 그렇게 애착이 가는 최소한의 물건만 남게 되니 눈에 보이는 집 안 풍경이 사랑스러워지더라고. 많은 물건을 소유하는 대신 자신이 쾌적하다고 느낄 수 있는 공간과 시간의 풍요로움을 발견하는 라이프 스타일에 크게 자극받은 나는 집에 돌아가면 불필요한 물건을 줄여서 눈에 보이는 집 안 풍경을 더 사랑스럽게 만들어야겠다는 의욕이 생겼다.

Thierry Grapotte 티에리 그라프트

나이 / 직업 50세 / 무대 관계
주거 아파트
집구조 / 넓이 원룸 / 15㎡
가족 구성 1인 가구
거주 기간 1년

연극과 발레를 중심으로 한 무대 관련 의상과 소도구를 담당. 작년 말에 현재의 아파트를 구입하여 직접 모형도를 그려가면서 집을 리모델링했다. 정리 정돈은 매일, 바닥 걸레질까지 하는 청소는 일주일에 세 번, 한 시간 이상 들여서 꼼꼼하게 한다고.

perfection!

Closed

LIVING AND WORKROOM

거실 + 작업실

수납장에 들어가는 만큼만
소유하기

티에리 씨가 가지고 있는 물건의 절반 이상을 너끈히 보관하고 있는 DIY 수납장. 문은 폐자재로 만든 것인데 가격도 저렴할 뿐 아니라 나뭇결과도 잘 어울린다. 어디에 무엇을 넣을지 설계 단계부터 확실하게 정하고 시작했기 때문에 재킷 같은 아이템도 수납장의 높이와 폭이 공간 낭비 없이 꼭 알맞게 들어간다. 선반 아래로 밀어 넣을 수 있는 테이블은 구조상 종횡으로 위치를 바꿀 수 있어서 상황에 맞춰서 활용한다. 사용하지 않을 때는 선반 아래로 수납할 수 있는 점이 DIY만의 매력이다.

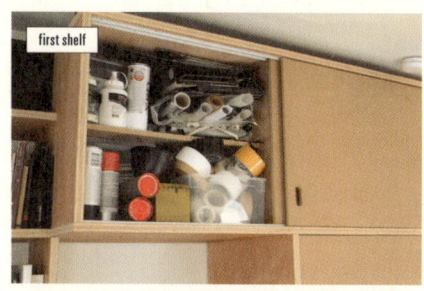

① 직접 짜 넣은 수납장. 오른쪽에는 옷과 수건, 시트 등의 생활
용품을 넣었고 왼쪽에는 일에 관련된 도구를 수납했다. 손이 잘
닿지 않는 상단에는 리넨 종류나 자주 사용하지 않는 일 관련
도구를 수납.

② 이사를 하면서 가장 많이 처분한 물건은 바로 옷. 같은 색상
이나 비슷한 디자인을 버리고 나니 결국 3분의 1만 남더라고.
자신이 무엇을 소유하고 있는지 바로 알 수 있어 옷을 살 때도
같은 옷을 연거푸 사는 일이 사라졌다.

③ 수납에 필요한 깊이와 높이에 꼭 맞게 제작한 것이라 공간 낭비 없이 재킷과 셔츠를 옷장에 걸었다. 잘 짜여진 클로젯에 감동!

④ 눈에 보이게 수납하면 사무실 분위기를 연출하고 마는 프린터. 책상 옆 사용하기 편한 위치에 문을 달아 감추듯 수납했다.

⑤ 국립도서관에서 일할 때 얻은 서류용 박스에는 모형처럼 부서지기 쉬운 것을 담는다. 대충 넣어 담을 수 있는 게 박스의 매력. 'Found MUJI'에서 같은 것을 본 적이 있다.

KITCHEN

주방

비좁은 주방의 장점을
최대한 살린 동선과
짱짱한 수납력

싱크대, 작업대, 냉장고, 수납, 세탁기까지 일직선으로 이어져 있어
서 가사 동선 면에서 상당히 합리적인 주방이다. 비스듬하게 난 지
붕창으로 마침 햇살이 스며들어 주방을 환하게 비춘다.

안까지
현히 보인다!

싱크대 하부장은
안쪽이 보이도록 여유롭게 수납
혼자 사는 남자의 주방답게 대충 수납되
어 있다. 냄비, 바구니, 커피메이커 등 조
리 기구 일체를 모두 이곳에 수납했으나
그득하게 채운 게 아니라서 안쪽에 무엇
이 있는지 바로 알 수 있다.

미니멀한 주방에 잘 어울리는
문 뒤쪽 수납
일본인들만의 수납법인 줄 알았는데 프랑
스에서도 이 방법을 쓴다는 점이 친근하
다. 쓰레기통을 놓지 않고 문 뒤에 비닐봉
지를 달아 쓰레기통으로 사용한다. 가까
운 유기농 슈퍼마켓의 봉지는 디자인까지
마음에 든다. 흙으로 돌아가는 천연 성분.

파리에서도 역시!
주방 한켠에 있는 '무인양품'의 수납 케이스

세탁기 옆 좁은 틈새에 꼭 맞게 '무인양품'의 수납 케이스를 비치. 안에는 통조림이나 커피, 된장국 같은 식재료를 보관한다. 잔뜩 사서 쟁여두지 않는 것이 깔끔하게 사는 포인트라고.

시야에 바로 들어오지는 않지만 수납하기에는 다소 까다로운 주방 안쪽의 틈새 공간. 청소기나 여행 가방 같은 큰 짐을 퍼즐 맞추듯 빈틈없이 수납했다. 왼쪽 아래의 검은 가방은 빈 병이나 페트병을 보관하는 데 사용한다.

저희 집에도 있어요♡

보이는 수납장에는 식기나 커트러리 일체를 수납한다. 첫 번째 서랍에는 선 채로 조리할 때 사용하는 커트러리와 조리 기구를 수납. 두 번째 서랍에는 가장 자주 사용하는 컵 종류를 넣고 남은 공간에 행주를 보관한다. 세 번째와 네 번째 서랍에는 사용 빈도에 맞추어 접시를 정리한다. 좀처럼 손이 가지 않는 맨 아래 칸에는 슈퍼마켓 봉지나 잡다한 것을 수납.

파리지앵의
똑똑한 수납법!

물기가 빠진 식기를 돌아서서 바로 싱크대 옆 수납장에 수납하는 티에리 씨. 마치 비행기의 조종석처럼 최소한의 동작으로 빠르고 효율적으로 집안일을 할 수 있게 고안했다고.

BATHROOM

욕실

미니멀한 공간에서 느껴지는
안정감 있는 라이프 스타일

소형 세면대와 선반을 갖춰놓은 주방 옆에 위치한 작은 욕실. 장난
감처럼 귀여우면서도 자세히 보면 기능 면에서도 제법 쓸 만하다.
손이 닿기 쉬운 높이에는 어메니티를 놓을 수 있는 'HABITAT'의
큐브 선반을 달고, 세면대 아래 공간에는 청소용 도구를 모조리 수
납한다. 변기 옆 좁은 틈에는 '무인양품'의 수납 케이스를 놓아 자잘
한 것들을 수납. 샤워 공간의 천장에는 봉을 달아 젖은 수건을 말릴
수 있게끔 했다. 좁은 공간이라 할지라도 수납용품을 적절하게 활
용하여 기능적이고도 깔끔하게 사는 모습이 훈훈하게 느껴진다.

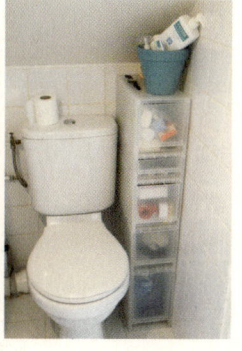

BEDROOM

침실

경사진 천장 탓에 가구를 놓기 애매한 침대 주변에는 심플한 책장을
직접 짜서 넣었다. 소장하고 싶은 책 높이를 재서 그에 맞춰 설계했
다고. 큰 사이즈의 책은 옆으로 뉘어놓는다. 책이 인테리어의 일부
가 되는 공간.

주방 카운터 뒤편으로 직접 짜 넣은 책장이 보인다. 무심코 물건을 올려두
기 쉬운 공간이어서 생활용품 대신 오브제를 드문드문 진열했다. 보통 수
납공간으로 사용할 법한 자리를 장식 선반 전용으로 쓰는 감각이 놀랍다.
침대에서 바로 보이는 자리에 물건이 와글거리면 피곤하다는 말에 저절로
고개가 끄덕여졌다. 홈센터 같은 곳에서 직접 부품을 사다가 만들었다는
귀여운 조명이 소박한 생활 속에서도 그만의 독창성을 드러내는 공간.

ENTRANCE

현관

① 현관 근처의 작은 코너에 설치한 가방걸이용 후크. 가구를 만들고 남은 자투리 목재에 구입한 후크를 달아 만든 오리지널 제품이다. 가방 안에는 손님용 옷걸이가 들어 있다.

② 'IKEA'에서 구입한 수납 케이스. 못을 사용하지 않는데다 나무 소재라 마음에 든다고. 안에는 서류나 무대 관련 일에 사용하는 모형 종류를 넣어둔다.

3

파리의 수납 마니아!

모든 것이 계산된
아기자기한 다락방 스타일

이사벨 보와노

다락방

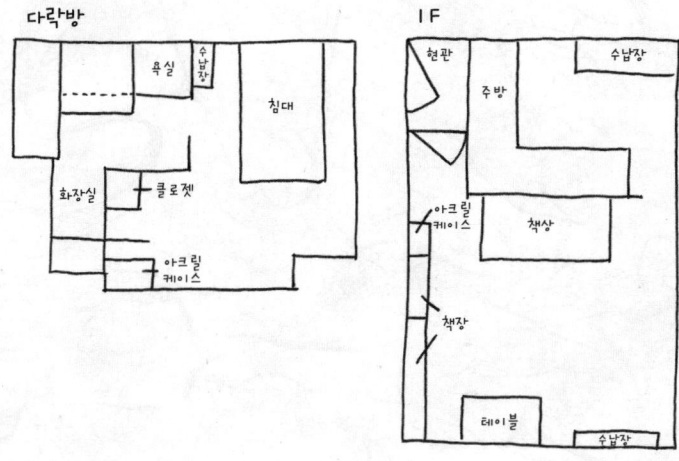

IF

일본에서도 활발하게 활동 중인 일러스트레이터 이사벨 씨. 그녀의 집은 컬러풀한 일러스트에 에워싸여 그림처럼 사랑스러운 공간이다. 자잘한 물건이 많지만 모든 것을 확실하게 분류해서 상자에 담아놓으니 무엇이 어디에 있는지 한눈에 쏙 들어온다. 아버지가 직접 만들어주셨다는 DIY 선반에 꼭 알맞게 수납하고 구석구석 빈틈없이 정돈된 멋진 집이다.

정리 정돈을 기분전환 삼아 즐기면서 한다는 그녀. 물건 하나하나를 얼마나 공들여 정돈했는지 알 수 있다.

대화를 나누다 보니 서로에게 여러모로 공통점이 많았다.

어릴 적에 어수선한 집 안 분위기가 싫어서 스트레스를 받았다는 것, 그래서 늘 자기 주변은 스스로 정돈했었다는 것, 상자나 파우치 같은 수납 아이템을 좋아해서 열심히 수집해서 흐뭇하게 바라보았다는 것. 그리고 생각을 정리하고 집중하고 싶어서 메모나 리스트 정리를 꼼꼼하게 했다는 것까지…….

일러스트레이터라는 직업상 집에서 일하는 시간이 많기 때문에 머릿속을 정리하려면 정리 정돈은 필수. 많은 물건이 주변에 어수선하게 흩어져 있으면 정신까지 산만해진다는 말에 깊이 공감했다.

Isabelle Boinot 이사벨 보와노

`나이/직업` 39세 / 일러스트레이터

`주거` 아파트

`집구조/넓이` 원룸 + 다락방 / 25㎡

`가족 구성` 1인 가구

`거주 기간` 5년

아트 스쿨을 졸업하고 일러스트레이터로서 일본과 프랑스에서 활동 중. 홈메이드 과일 잼 전문점인 'Romi-Unie Confiture'의 쇼핑백 일러스트도 그녀의 작품. 저서로는 《파리지앵의 즐거운 정리》(주부의벗사)가 있다.
홈페이지 i.boinot.free.fr

책이나 길고 가는 모양의 잡화, 일하는 데 필요한
도구를 수납한 공간. 책은 책등이 보이게 수납하
면 울퉁불퉁하지 않아서 깔끔해 보인다.

① '무인양품' 상자에는 자신의
일러스트를 수납하고 꼼꼼하게
라벨링을 해놓았다.

② '무인양품' 서류 케이스에는
레시피나 프리페이퍼 스크랩을
꽂고 먼지가 타지 않게 패브릭으
로 덮었다.

③ 원래 아이 옷을 수납하는 상자
인데 스탬프, 봉재 도구 등을 넣어
둔다. '봉쁘앙BONPOINT' 같은
어린이용품점에서 구한 것.

LIVING ROOM
거실

제대로 주소를 정해주고
안에 무엇이 들었는지 모두 파악

상자 수납을 좋아하는 이사벨 씨. 작품을 그리는 영감의 원천이 되는 스티커나 성냥갑 같은 자신의 컬렉션을 모두 상자에 수납한다. 그중에는 일본의 하토사브레 깡통도 있다.

상자가 이렇게 많아도 내용물을 제대로 분류해놓았기 때문에 어느 상자에 무엇이 들었는지 전부 알고 있는 점이 놀랍다.

보이지 않게 상자 안에 담아서 치운 것이 아니고 목적을 가지고 정리한 것이기에 차곡차곡 탑을 쌓은 상자에서 질서정연함이 느껴진다.

사용 빈도가 그다지 높지 않은 것이라면 일부러 수납용품을 사지 않고도 이런 식으로 주변에 흔히 있는 상자를 활용하는 것도 좋은 예다.

책장 위에는 아끼는 컵이나 도자기 장식품을 진열해놓는 문 달린 장식장이 있다. 한 달에 한 번씩은 꼭 들른다는 벼룩시장에서 만난 40년대 도기 상자나 컵 등 아기자기한 소품을 한데 모은 코너.

10년 선수의 아크릴 케이스

10년도 더 전에 '무인양품'에서 구입했다는 아크릴 케이스에는 자잘한 문구류를 수납. 마스킹테이프, 스탬프, 봉투 같은 것을 분류해서 넣었다. 투명해서 안에 무엇이 있는지 바로 알 수 있어 좋다.

그녀의 집에는 아버지가 손수 만드셨다는 가구가 곳곳에서 활약 중이다. 특이한 나뭇결의 표정이 마음에 든다는 하얀 손잡이가 달린 작은 수납 가구도 그중 하나. 손잡이에 손뜨개 소품이나 리본을 걸어놓았다.

책은 앞쪽에 가지런히 수납

벽면 수납 도구로 보이는 수납을

거실 벽면에 'IKEA'에서 구입한 폭 7cm 정도의 선반을
달아 좋아하는 그림책이나 자신의 일러스트를 장식했
다. 다리가 달린 가구가 아닌 선반을 달아 압박감을 주
지 않는 아이디어가 돋보인다. 'IKEA'나 '무인양품'에 가
면 다양한 디자인의 선반을 구할 수 있다.

벽면 수납 중 핑크 상자 속 내용물. 염낭 주
머니에서 자수까지, 손재주가 많은 그녀는
수예용품에서도 자기 스타일이 뚜렷하다.
실과 테이프는 벼룩시장에 산 땡처리 물건.

책장 위에 쌓아놓은 상자 중 하나. 일본에서
구입한 60년대의 과자 케이스나 피스 담배
케이스 등 디자인이 마음에 드는 물건을 수
납한다.

일본을 방문할 때마다 성냥갑을 발견하면
꼭 살 정도로 성냥갑을 좋아하는 그녀. 상자
안에 빈틈없이 성냥을 채울 수 있는 점도 좋
아하는 포인트.

WORKSPACE
작업실

일러스트를 그릴 때 사용하는 필기류는 프랑스의 빈티지 종이컵이나 런던 카페에서 사용하는 종이컵에 꽂아둔다.

꼭 맞는다!

누가 버린 것을 가져다가 손질해서 쓰는 4단 서랍장. 지금은 그녀가 일하는 책상 밑에서 활약 중이다. 네모난 공간에 네모난 물건을 빼곡하게 수납한 풍경이 보기에도 깔끔하다. 오른쪽 모퉁이의 빨간 노트는 이사벨이 매일 기록하는 일기장이라고.

주방 앞으로 앤티크 책상과 PC를 놓고 작업실로 쓴다. 이사벨의 감각적인 일러스트는 바로 이곳에서 탄생한 것이다. 창밖을 보면서 기분 좋게 일할 수 있는 이 자리가 가장 좋다고.

ENTRANCE

현관

소매치기를 당할까 겁이 나 가방은 주로 숄더백을 드는데 컬러가
다른 것으로 다섯 개나 된다. 현관 출입문에 프랑스 잡화 체인점
'Habit'에서 구입한 걸이식 후크를 달아 가방을 건다. 자주 사용하
는 물건일수록 그때그때 기분에 따라 고를 수 있게끔 한눈에 보이는
수납법이 좋다.

마음에 쏙 드는
마스코트들

주방에 서 있는 모습만으로도 근사해 보이는 이사벨 씨. 요리를 좋아
하다 못해 자신의 일러스트를 가득 실은 레시피 책까지 출간했다.

KITCHEN
주방

자주 사용하니까 꺼내기도 쉽게

벽에 설치한 새하얀 선반 역시 이사벨 씨가 치수를 정해 디자인한 것을 아버지가 그대로 만들어주신 것이다. 처음 완성했을 때는 깊이가 지금의 두 배 정도였는데 깊은 선반이 싫어서 절반으로 잘라 나머지 절반은 부모님 댁에 보냈다고. 덕분에 유리잔이나 컵, 캐니스터를 진열하기에 딱 좋은 깊이의 선반이 완성!

작은 접시 같은 것을 낙낙하게 놓고 사용한다. 일본에서 산 찻잎 통도 아끼는 것 중 하나. 자세히 보니 일본의 건강 음료가 있었다! '파이브미니'와 '오로나민C'의 패키지를 좋아한다고.

6분마망의 빈 병

견과류   밀가루   설탕

프랑스의 식품 제조업체 '본마망bonnemaman'의 빈 잼 병을 활용. 맛도 좋고 체크무늬 병뚜껑이 마음에 들어서 옛날부터 애용해왔다고. 병 높이도 가지런히 맞췄다.

커트러리는 나무와 스테인리스 소재로 나눠서 유리잔에 꽂아 수납. 유리잔은 포개놓을 수 있는 것으로 선택한다. 이 식기 선반은 설계 단계부터 모든 치수를 재어 꼭 맞게 제작한 것이다.

이 가구 역시 아버지의 작품. 식기를 앞뒤로 수납하니 뒤에 있는 것을 꺼내기가 여간 불편한게 아니다. 더 얕게 만들걸 하고 후회한다고. 내부를 가리기 위해 두른 사랑스러운 패브릭은 그녀가 직접 수를 놓아 만든 것으로 안에는 큰 접시나 냄비 같은 것을 수납했다.

+
쉽게 꺼낼 수 있는
착한 수납

웬걸, 주방에 인형이 있었다.
이런 뜻밖의 연출도 그녀만의 위트가 아닐까.

① 레몬이나 양파 같은 식재료도 접시에 놓으니 마치 한 폭의 그림처럼 아름답다. 파리에서도 인기 만점인 일본의 거북이표 수세미는 채소나 과일을 씻을 때 사용한다고. 왜 여기 수세미를 둔 거지? 얼핏 궁금했는데 이유를 듣고 나니 고개가 저절로 끄덕여졌다.

② 서랍에는 평소 사용하는 커트러리를 수납. 케이크나 쿠키의 포장용 틀을 칸막이로 사용한다.

③ 할머니 댁에 있던 게 생각나서 자신도 모르게 충동구매했다는 파란 꽃이 그려진 찻잔은 포개서 수납한다. 파란색은 다른 식기와도 잘 어울려서 자주 사용한다. 제비가 그려진 잔은 굽이 달린 접시 밑에 원형으로 빙 둘러 수납.

쓰레기통에서 개수대까지 공간 낭비 없이 잘 짜여진 주방.
자주 사용하는 오일 종류는 바로 쓸 수 있게 조리대 옆에 둔다.

'IKEA'의 매단 선반

'IKEA'의 매단 선반에는 주방에서 사용하는 행주 등을 수납. 우리 집 주방에도 똑같은 선반이 있는데 냄비 뚜껑을 수납할 때 사용한다. 자주 사용하는 뒤집개나 국자까지 걸어서 수납하니까 언제라도 손만 뻗으면 잡을 수 있어 편리하다.

패브릭 주머니는 그녀가 직접 만든 것으로 안에 비닐봉지를 넣어두었다. 쓰레기봉지로 쓰거나 비 오는 날 가방을 보호하기 위해 쓴다고.

Closed

집에서 일하는 사람은 맛있는 차가 있어야 한다는 생각이라서 허브티를 중심으로 차 종류를 구비해둔다. 주로 'Clipper-teas'의 유기농 차로 다즐링, 민트, 베리 등 다양한 풍미의 차를 갖추어놓고 그날 기분에 따라 즐긴다.

빈 병은 잼 같은 것을 많이 만들었을 때 나눠 먹으려고 몇 개 챙여두었다. '무인양품'의 라탄 바스켓에 넣고 먼지를 막기 위해 패브릭으로 덮는다.

BEDROOM

침실

.

로프트 아래에 위치한 침실은 천장이 그다지 높지 않아서 다다미를
깔고 그 위에 매트리스를 놓아 침대로 사용한다. 프랑스에서도 다
다미를 사용하는 사람들이 늘어서 주변 인테리어 숍에서 구할 수 있
다고. 침대 머리맡에는 나무 의자를 하나 놓고 독서용 램프와 잠들
기 전에 읽을 책을 올려둔다.

직접 만든 것이라고는 믿기 어려울 정도로 완성도가 높은 이 서랍장 역시 아버지
의 작품으로 그녀가 가장 좋아하는 가구라고. 그냥 보기에는 전부 작은 서랍 같지
만 열어보면 한 칸으로 연결된 것도 있다. 안에는 다이어리나 직접 만든 파우치를
넣어두었다.

CLOSET

클로젯

수납공간이 부족해도
간단하게 응용할 수 있는 간이 클로젯

원래는 가로로 설치돼 있던 옷걸이용 봉을 세로로 옮겨 달고 남은
공간에는 다른 옷을 수납할 수 있는 옷장을 들였다. 옷장 위 공간에
도 바구니를 올려두고 사용한다.
셔츠처럼 구김이 가기 쉬운 옷이나 코트, 재킷은 옷걸이에 건다.

천장이 비스듬하거나 반듯하지 않
은 공간이라도 봉을 설치하면 옷을
걸 수 있다. 봉의 끄트머리에는 패
브릭을 오려 붙여서 꾸몄다.

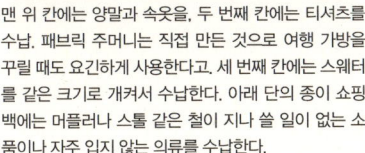

손님용 방석. 자주 쓰는 게 아니어서 옷장 위로 자리를 정했다.

로프트의 가장자리에는 직접 디자인한 일러스트 포장지나 길고 가는 물건을 바구니에 담아 먼지가 쌓이지 않게 패브릭으로 덮어서 보관한다.

맨 위 칸에는 양말과 속옷을, 두 번째 칸에는 티셔츠를 수납. 패브릭 주머니는 직접 만든 것으로 여행 가방을 꾸릴 때도 요긴하게 사용한다고. 세 번째 칸에는 스웨터를 같은 크기로 개켜서 수납한다. 아래 단의 종이 쇼핑백에는 머플러나 스톨 같은 철이 지나 쓸 일이 없는 소품이나 자주 입지 않는 의류를 수납한다.

로프트의 자투리 공간에는 '무인양품'의 PP케이스를 포개놓고 선반에 채 수납하지 못한 의류나 자신이 제작한 일러스트 작품을 다른 물건과 나눠서 보관한다. 로프트 위의 이런 자투리 공간을 수납을 위해 활용할 수 있는 점도 지진 위험이 없는 파리기 때문에 가능한 일이다.

소소한 아이디어가 가득!

체계화된 5인 가족의 집

라라 기라오

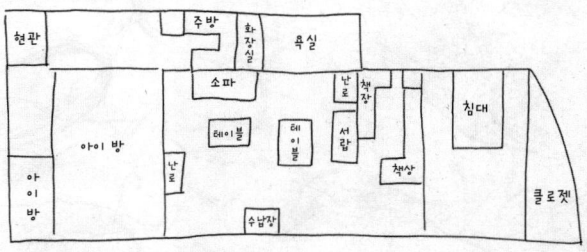

쇼핑백을
수납 상자로 사용

옷걸이는
나무 소재로 통일

선반과 봉을 적절하게 배치해
서 어디에 무엇이 들어 있는지
한눈에 알 수 있도록 깔끔하게
정리한 클로젯. 자잘한 물건은
서랍 대신 선반에 쏙 들어가는
크기의 종이 쇼핑백에 담았다.

라라 씨에게 수납은 일종의 '놀이'다. 서랍 속 작은 공간을 물건으로 빽빽하게 채워나가는 작업은 마치 퍼즐 맞추기 같다. 공원에서 주워 온 작은 나뭇가지를 소품의 일부로 쓰기도 하고, 괜찮은 오브제를 발견하면 원래 용도와는 다른 자신만의 스타일을 생각하는 것이 무척 즐겁다고.

방 이곳저곳에 놓인 다양한 표정의 램프는 업무차 각지를 돌아다닐 때마다 벼룩시장이나 앤티크숍에서 구입한 것. 집 안 어디에 놓을지 구체적으로 생각한 다음에 들이기 때문에 개수가 불어나도 창고로 치워버리는 일은 없단다.

물건을 처분하는 비결보다 더 중요한 것은 물건 하나를 고르더라도 신중을 기해서 쓸모없는 쇼핑을 하지 않는 것이다. 물건을 철저하게 분류해서 옷 하나까지 꼼꼼하게 개어놓는 라라 씨. 물건을 아끼는 삶의 방식이 그녀의 수납 방법에서 확실하게 느껴졌다.

선반 안에 쏙 들어가는 쇼핑백을 수납 아이템으로 활용.

신발 상자 옆면에 내용물을 적은 라벨을 붙여서 정리한다.

Lara Guirao 라라 기라오

나이 / 직업	47세 / 배우 겸 가수
주거	아파트
집 구조 / 넓이	4LDK / 81㎡
가족 구성	5인 가구 (부부 + 세 아이)
거주 기간	4년

프랑스 마르세유 출신의 배우 겸 가수. 다수의 영화와 TV 프로그램, 연극에 출연했다. 2006년에는 가수로 데뷔해 2장의 CD를 발매.

약 1.5평 크기의 공간에 꾸민 서재에는 L자형 데스크를 놓아 팔을 뻗으면 벽면 책꽂이의 서류나 책에 바로 닿는다.

바늘꽂이마냥 삼베 끈 뭉치에 핀을 꽂아두었다. 큼지막한 단추에 U자 핀을 꽂기만 한 거라 바로 따라 할 수 있을 듯! 그녀는 내가 보는 앞에서 머리를 재빨리 틀어 올리더니 핀을 꽂았다.

간단하죠!

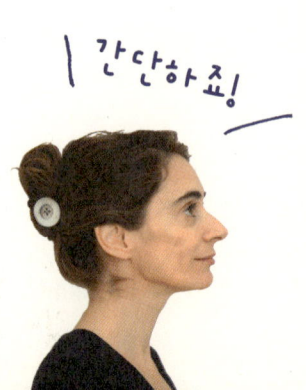

평범한 볼펜심에 컬러풀한 패브릭을 감아 만든 그녀의 오리지널 작품.

STUDY

서재

쓰레기통으로 사용하는 편집숍 '메르시 Merci'의 종이봉투. '집 안의 기조 컬러인 화이트, 혹은 다른 인테리어와도 잘 어울리는 자연스러운 컬러 선택이 중요하다. 좋아하는 숍의 종이봉투가 있다면 한번 시도해볼 만한 아이디어.

길에서 주워 온 가는 나뭇가지를 책 사이에 끼우고 액세서리를 걸어놓으니 은근히 멋스럽다.

편지 쓰는 걸 좋아하는 그녀. 길에서 주워 온 카드폴더를 벽면에 달고 편지를 고르기 쉽게 디스플레이하듯 수납했다. 가장 마음에 드는 것은 남프랑스에 위치한 일본 잡화점에서 사들인 일본에서 건너온 엽서.

KITCHEN

주방

순서와 용도별로 주소를 정해놓으면
정리하는 습관이 저절로

내추럴한 목제 수납장과 옅은 컬러의 타일이 쾌적해 보이는 주방.
거실 사이의 칸막이는 유리창이라서 좁아도 자연광이 스며드는 개
방감 넘치는 공간으로 연출되었다. 오픈 키친 스타일이면서도 음식
냄새가 퍼지지 않는 것이 장점!
우리가 방문했을 때 내온 티세트도 바로 닦아서 제자리에 정리한 라
라 씨. 쓴 물건은 바로 제자리에 놓는 기본적인 생활 습관이 몸에 배
어 있으니까 이런 깔끔한 주방도 유지되는 것이다.

① 싱크대 위 수납장에는 와인글라스
와 고블릿 그리고 티컵이나 찻주전자
같은 것을 수납한다. 아래로 내려갈수
록 사용 빈도가 높은 것을 넣는다.

② 이쪽 아래 단에는 결혼할 때 산 찻
잔과 디저트 접시 세트가 가득하다. 보
통 가정이라면 깊숙한 곳에 고이 모셔
둘 법하지만, 손님 초대가 잦은 그녀의
집에서는 자주 사용한다고.

③ 맨 위 칸에는 스푼, 포크, 나이프 같은 매일 사용하는 커틀러리를 수납. 아이들 것도 어른용과 같은 실버나 스테인리스 재질로 통일시켰다.

④ 평소 식탁에서 사용하는 식기를 수납. 이 칸에 넣는 이유는 아이들이 꺼내기 쉽게 배려한 것이라고.

⑤ 맨 아래 칸에는 올리브 오일이나 비니거 같은 다소 무거운 액체류를 수납한다. 깊이가 있어서 자주 사용하지 않는 물건도 넣는다.

서랍은 얕은 것과 깊은 것이 함께 있어서 편리해 보인다. 얕은 단에는 매일 사용하는 나이프나 랩, 덮개 같은 것을 수납하고 깊은 단에는 저장 식료품을 한데 모아놓았다. 모든 것을 세워 넣었기 때문에 많이 수납할 수 있고 꺼내기도 수월하다.

하부장 안에 설치한 회전 수납랙. 깊숙이 있는 조리 기구도 앞으로 당기면 쉽게 꺼낼 수 있다. 깔끔하게 수납하지는 않았지만 정말 쓰기 편하다고 웃으면서 말하는 그녀.

용도별로

주방용 **집안청소용**

싱크대 아래에는 청소용품이 다소곳하게 정리되어 있다. 주방용과 집 안 청소용으로 구별해서 필요한 도구와 세제를 넣고 꺼내기 편하게 양동이와 바구니에 한데 담아놓았다.

참고로 프랑스는 물에 석회질이 많아서 수도꼭지 같은 곳에 하얀 얼룩이 생기는 일이 흔한데 식용 비니거는 그것을 지우는 데 편리하다고.

싱크대 뒤 작업대 위에는 보존 용기에 담긴 건조식품이나 조미료를 가지런히 놓았다. 벽면의 양념 보관장에 딸린 작은 서랍에는 생일 케이크용 초나 장식 등을 수납.

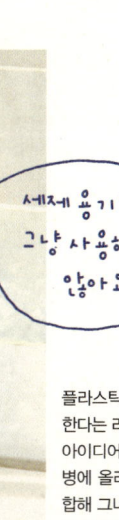

세제 용기도 그냥 사용하지 않아요

플라스틱 제품은 되도록 쓰지 않으려고 한다는 라라 씨. 주방 세제 용기 하나에도 아이디어가 번뜩인다. 안정감 있는 와인 병에 올리브 오일의 코르크 병마개를 조합해 그녀만의 용기를 만들었다. 작은 아이디어 하나로 세제 병이 그림이 되었다.

LIVING AND DINING ROOM

거실 + 식당

그녀의 집에서는 손잡이
달린 바구니가 인테리어
의 일부처럼 집 안 곳곳에
서 활약 중이다. 소파 옆
바구니에는 쌀쌀할 때 사
용할 무릎담요를 담아놓
았다.

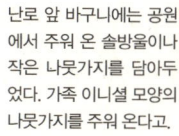

난로 앞 바구니에는 공원
에서 주워 온 솔방울이나
작은 나뭇가지를 담아두
었다. 가족 이니셜 모양의
나뭇가지를 주워 온다고.

인테리어 잡지가 담긴 바
구니. 집 안 꾸미는 것을
좋아하는 그녀를 위해 시
어머니가 정기구독을 신청
해주셨다고. 라라 씨는 바
구니를 좋아해서 바구니만
큼은 용도를 생각할 겨를
도 없이 한눈에 반해 사버
렸을 듯.

주방에서 거실로 이어지는
동선에 놓여 있는 아기자
기한 바구니. 종이 같은 타
는 쓰레기를 담아두었다가
그대로 버리러 나간다고.

좀처럼 보기 힘든 긴 성냥. 샹들리에 조명의
양초나 난로에 불을 켤 때 사용.

그녀가 수집하는 트럼프나 타로 카드 등 테이
블 게임 종류를 가지런히 서랍에 모아놓았다.

건전지나 가구 부품, 끈 따위의 생활용품을
서랍에 넣었다. 자잘한 물건은 예쁜 상자나
깡통에 담아서 수납.

아기자기한 크리스마스 장식용품이 가득한
서랍.

좋아하는 소품에 투명한 컵이나 유리
용기를 씌워놓으면 마치 스노우돔 같
은 오브제로 연출 가능하다. 먼지를
타지 않는 점도 좋고, 간단하게 따라
해볼 수 있는 좋은 아이디어.

아이들이 좋아하는 Wii의 부품은 스스로 정
리하게끔 넣고 꺼내기 쉬운 위치에 한데 모
아 보관한다.

건전지나 전구, 나사처럼 그것 하나만으로는
아무런 감동이 없는 하찮은 부품이라도 '산타
마리아노벨라Santamarianovella'의 앙증맞
은 용기에 담아두면 저절로 애착이 간다. 내용
물을 지퍼팩에 담아 무엇이 들었는지 적어두면
어디에 쓰는 부품인지 바로 알 수 있어서 좋다.

서랍장 위에 올려둔 특이한 디자인의 용기. 뚜껑 꼭지를 당겼더니 안에서 색연필이 가득 나왔다. 원래는 담배통인데 벼룩시장에서 발견하고 연필을 넣으면 재미있겠다는 생각에 구입했다고. 아이들도 좋아한다.

벼룩시장에서 발견한 낡은 토기 용기. 칫솔을 담는 통인데 그녀는 양초를 담아 인테리어 소품으로 사용한다고.

공간이 좁고 물건이 많아도 어질러진 느낌이 없는
욕실. 커다란 거울이 공간을 넓어 보이게 한다.

BATHROOM

욕실

딸아이의 헤어 액세서리는 작은 틴케이스에 보관.
아직 스스로 정리하지 못해서 라라 씨가 도와준다
고.

뚜껑이 있는 네모난 틴케이스에 세탁용품과 칫솔 그리고
쟁여둔 어메니티를 담았다. 통일감 없는 물건들을 하얀
뚜껑이 깔끔하게 가려준다.

모퉁이에 삼면거울을 놓아
공간을 넓어 보이게 하는
테크닉. 바스 솔트가 담긴
유리병이 마치 하나의 오
브제 같다.

보디샴푸도 유리병에 옮겨 담았다. 하얀 가루는
소다. 얼굴의 각질 제거에 효과가 뛰어나다고.
천연 재료를 사용해 피부를 관리한다.

샘플로 받은 향수는 유리병에 부어서 아래 칸에 올려두
었다. 뚜껑을 열어놓으면 좁은 공간에 좋은 향기가 감
돈다. 샘플로 받은 향수가 집 안 여기저기에 굴러다닌
다면 바로 따라 할 수 있는 아이디어. 대충 올려둔 것
같은 성냥도 멋있는 그림이 된다.

나이스_아이디어!

마치 어느 잡화점에라도 온 듯 디스플레이가 세련된 화장실. 선반은
수납보다 장식 공간을 넉넉하게 마련해서 생활감이 묻어나지 않도록
연출했다. 상단에 화이트 원통형 용기를 놓으니 화장지까지 디스플
레이로 보인다.

BEDROOM

침실

침대 커버는 그녀가 태어난 남프랑스의 프로방스에서 유명한 퀼팅, '부티'. 잔잔한 디자인에 색조까지 포근한 느낌이다. 침대 옆에는 둥근 모양의 큼지막한 모자용 상자 두개를 포개놓고 사이드 테이블로 사용.

공부 책상 위에는 문구류 외에는 놓지 않겠다는
주의. '북 부티크'의 양초를 다 쓰고 남은 빈 병을
사용해 필기류를 꽂아두었다. 벽에는 아이들의
눈높이에 맞게 동물이나 자동차를 가지고 노는
아이들의 일러스트를 붙여두었다.

장난감은 바구니에 대충 담아두기만
한다. 아이들이 스스로 정리하게끔 하
기 위해서는 이런 수납 방법이 현명한
지 모른다.

카드 수납이 가능한 램프. 아이들이 공
부에 흥미를 갖도록 알파벳에 꽃, 식물
그리고 과일을 조합한 깜찍한 패턴의
카드를 꽂아둔다.

CHILDREN'S ROOM

아이 방

자리를 정해놓으니 아이들은 장난감을 가지고 놀고 난 후에 스스로
제자리에 정리한다. 다섯 살 난 딸아이는 엄마가 어디에 무엇을 수
납하는지 잘 보았다가 따라 하는데 정리를 곧잘 한다고.

여덟 살 아들과 다섯 살 딸의 방. 열기구 모양의 조명이 깜
찍해서 잠들기 직전까지 2층 침대에서 바라본다고. 작은
흔들의자에는 책을 꽂을 공간이 딸려 있다.

아이들도 정리하기
쉽게 대충 수납

아이들 장난감이나 책은 바구니에 수납한다. 학교에서 돌아온 아이들이
바로 이 바구니에서 장난감을 꺼내서는 신나게 놀았다. 침대 아래에 수
납하기 때문에 뚜껑이 없어도 OK. 내용물을 살며시 가려주기도 하고 먼
지도 쌓이지 않는다. 똑같은 바구니를 가지런히 놓으니 깔끔해 보인다.

Case

5

그냥 내놓고 쓰는데도 멋스럽다

예전 창고였던 곳에서 사는
파리지앵 형제의 감추지 않는 수납

마태오 도즈 + 피에르 도즈

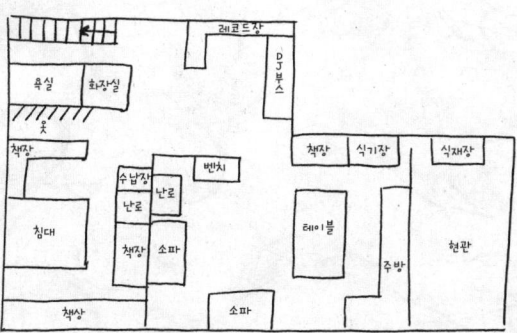

Monsieur Pierre

노면 레일을 달리는 트램이 생기고 개발이 한창인 파리 북부. 그곳 교외에 사는 도즈 형제는 13년 전 지금 살고 있는 집을 구입했다. 원래는 배관공 사업자의 사무소 겸 창고였던 곳을 10년 이상 들여서 새롭게 단장한 것이다.

큼지막한 창문으로 환한 빛이 스며드는 거실 겸 식당. 마치 클럽에라도 온 것 같은 엄청난 양의 레코드를 보유하고 있는 어둑어둑한 방. 장소에 따라 표정이 모두 다른 공간이 이채롭다. 집 안 물건도 무심히 놓아둔 것 같지만 예술 작품처럼 빛을 발하는 느낌이다. 물건은 되도록 사지 말자는 주의인 마태오 씨는 친구나 부모님 댁에서 안 쓰는 물건을 얻어 오거나 꼭 필요한 게 있으면 벼룩시장을 샅샅이 뒤져서 구입한다고 한다. 하나씩 따로 보면 대충 수납한 것처럼 보이는데 신기하게도 전체적인 조화를 이룬 모습이다.

실내 중앙에는 주황색으로 칠한 철근 기둥 같은 게 있는데 배관을 수납하기 위한 집기였다고. 프랑스에서는 건물을 수리할 때, 예전의 형태를 일부러 남겨서 그 집의 역사를 소중히 살린다고 한다. 역사의 깊이를 잘 아는 국민성이 여기서도 잘 나타나는 것 같다.

Matthieu Doze 마태오 도즈
Pierre Doze 피에르 도즈

나이 / 직업	46세 / 현대무용가 49세 / 미술사 교수
주거	아파트
집 구조 / 넓이	3LDK / 120㎡
가족 구성	2인 가구
거주 기간	13년

교토의 아트센터에서 1년 동안 머문 경험이 있는 마태오 씨는 국제적으로 활약하는 현대무용가다. 같이 살고 있는 형, 피에르 씨는 대학에서 미술사를 가르친다.

대나무 살을
꽂아놓았을 뿐!

① 마치 오선지 위의 음표처럼 리드미컬하게 매달려 있는 주방 도구. 못을 박아 후크를 건 줄 알았는데 웬걸, 대나무 살 같은 것을 벽 틈에 꽂은 것! 줄을 맞춰 일정한 간격으로 꽂지 않고 제각각 배치하니까 모던 아트 분위기를 자아낸다. 대충 걸어놓은 듯한 자연스러움이 포인트.

② 조리 도구는 빈 캔에 대충 담는다. 정돈하지 않아도 그럴듯해 보이는 게 신기할 따름.

③ 꺼내기 위해서는 요령이 필요하다는 오리지널 상자를 앞으로 드르륵 꺼내더니 보여주었다. 안에는 조리 도구가 대충 수납돼 있었는데 정돈되지 않은 자연스러움이 목제 수납 상자와 잘 어울린다.

KITCHEN

주방

모두 직접 조립한 유기적인 주방

뽀얀 도기로 된 개수대. 낡은 나무 상자에 의자 바퀴를 달아 만든 오리지널 수납함. 벽면에 아무렇게나 매달아놓은 주방 도구. 어딘가 개성적이면서도 하나하나 생동감이 살아 있어 멋스러운 주방은 모두 DIY로 만들었다고. 홈센터에서 원하는 사이즈로 나무판을 잘라 온 다음, 그 위에 'Habita'에서 구입한 개수대를 얹은 것인데 직접 배관까지 했다니 놀랍다.

형 피에르 씨는 양손잡이 냄비를 안고 시장에서 돌아왔는데, 냄비 안에는 입맛을 돋우는 향기가 가득한 야채수프가 담겨 있었다. 가스풍로에 데워서 자른 빵과 함께 내놓으니 훌륭한 런치가 완성. 냄비를 들고 가서 사 오면 쓰레기를 줄일 수 있어 합리적이다.

④ 시골 벼룩시장에서 발견했다는 철제 약통 보관함에 온갖 종류의 양념병을 수납한다. 손님을 초대해 디너파티를 자주 연다는 마태오 씨. 중국음식용 치킨 수프 양념부터 북아프리카의 쿠스쿠스용 믹스 허브인 라스 엘 하누트Ras El Hanout, 에스닉 요리용 커민 파우더까지 온 세상 스파이스는 다 모아놓은 듯.

⑤ 받침대가 높은 가스풍로는 직접 설치해서 센 불로 요리할 수 있게 가스를 끌었다. 오래 사용한 듯한 앤티크 느낌이 멋스럽다. 법랑 냄비 안에는 야채수프가 담겨 있다.

키친클로스로
살짝 가렸어요

⑥ 원래 부모님 댁에 있던 것으로 미술
품을 넣고 운반하는 데 사용하던 나
무 상자. 표면에는 러시아의 알아
보기 힘든 글자가 표기돼 있다. 다
리는 미용실 퍼머 의자 부품인데
1930년대 것이라니 놀랍다. 세상에
하나뿐인 오리지널 수납용품인 셈이
다. 싱크대 앞에 와이어를 달고 키친클로
스를 거니까 살짝 가리는 효과가 있다. 프랑스에서 판매하는 키친
클로스에는 거의 모두 루프가 달려 있어서 걸어서 말리기 좋다.

뚜껑이 달린 은빛 컬러의 양철 쓰레기통. 오래되어 낡은 느낌마저 왠지 분위기가 있어 매력적이다. 앞쪽에는 음식물 쓰레기를 담고 뒤쪽의 네모난 상자에는 재활용쓰레기를 넣는다. 음식물 쓰레기는 정원 흙에 묻어 퇴비로 사용한다. 쓰레기를 줄이고 자양분이 풍부한 정원 흙을 만들 수 있으니 일거양득.

분재 화분에 꽂아둔 커트러리. 유약을 바르지 않은 화분이라 젖은 상태로 넣어도 물이 잘 빠질 듯. 그렇지! 이런 4차원적인 연출도 이 집의 투박한 주방이니까 잘 어울리는 듯.

주방 옆 천장까지 닿는 높은 수납장은 원래 있던 집기에 DIY로 판자를 끼워서 만든 것이다. 조리대와 가까운 오른쪽 사이드에는 조미료나 차 종류가 즐비하고, 전면에는 책이 가득하다. 자세히 들여다보면 앙증맞은 성냥갑이 끼워져 있거나 빈 봉지를 위해 나무집게를 집어놓는 등, 곳곳에 장난스러움과 개성이 가득하다.

시장에서 사 온 치즈는 나무 보드 위에 올리고 치즈 나
이프와 함께 그냥 식탁 위에 놓아둔다. 향이 강한 치즈
일 경우에는 냄새가 퍼지지 않게 유리 뚜껑이 달린 용
기에 넣어 냉장고에 보관한다.

현관 벽에 걸어둔 자전거. 운동
도 되고 친환경적이라 도즈 형
제는 자전거를 많이 이용한다고.

ENTRANCE

현관

식재료를 보관한 곳이
시장같아요

현관에서 주방으로 이어지는 흙마루 같은
공간에는 식재료를 보관하는 코너가 있다.
다양한 건조식품이나 스파이스, 신선한 과
일과 채소만 보아도 제대로 갖추어 먹는 두
사람의 생활을 엿볼 수 있다. 허브를 묶음으
로 사다가 자연 건조시켜서 벽에 걸어놓은
것은 리스처럼 인테리어의 일부가 되었다.
나도 이 여행을 통해 배운 대로 시장에서 월
계수를 묶음으로 사다가 선물로 주었다.

LIVING ROOM

거실

길가에 면한 거실 창틀에는 장방형의 큼지막한 화분을 놓고 초록 식물을 키운다. 도시에서 살다 보니 푸르름이 더욱 그립다는 마태오 씨. 그의 말대로 집 안에는 초록 식물이 가득했다. 초록 식물을 정글 삼아 공룡 피겨를 진열한 장난기가 재미있다.

나무집게를 집어놓고 열쇠나 전선을 걸어둔다. 벽면에 대충 걸어둔 소품이
질서정연하지 않은데도 전체적으로 조화를 이루는 모습이 신기하다. 꼭 필
요한 메모뿐만 아니라 인테리어의 일부가 될 만한 그림엽서나 작은 액자도
슬쩍 같이 끼워놓은 센스가 돋보인다.

전선이나 메모는 나무집게로 집어둔다. 전선이 긴 경우, 어
둠 속에서 램프 스위치를 찾기 곤란할 때가 있는데 이렇게
셰이드 위에 집어두면 쉽게 찾을 수 있다.

마태오 씨의 침실. 하얀 공간에 붉은 수납장이 악센트가 된다.

BEDROOM AND DJSPACE

침실 + DJ 박스

침대 옆으로 공중 부양 중인 미니 테이블이 있는데, 자세히 보면 침대에 L자형 쇠붙이로 고정시킨 것. 바닥에 닿지 않아 청소하기도 편할 듯.

누가 버린 것을 가져다 고치고 레드 컬러 페인트를 칠해서 새롭게 만든 서류장. 서류 말고도 PC 관련 도구 일체를 수납한다. 서류 케이스는 색을 달리해서 영역별로 분류.

레코드가 바닥에서 천장까지
빼곡하게 수납된 도서관 같은
공간. 마태오 씨는 DJ 일까지
겸하는 터라 레코드 소장량이
어마어마하다. 중앙의 주황색
기둥은 배관 창고 시절의 유물.

Case

6

아이들도 같이 정리한다!

좋아하는 물건과 함께 사는
아이들이 있는 집

피피 만디락

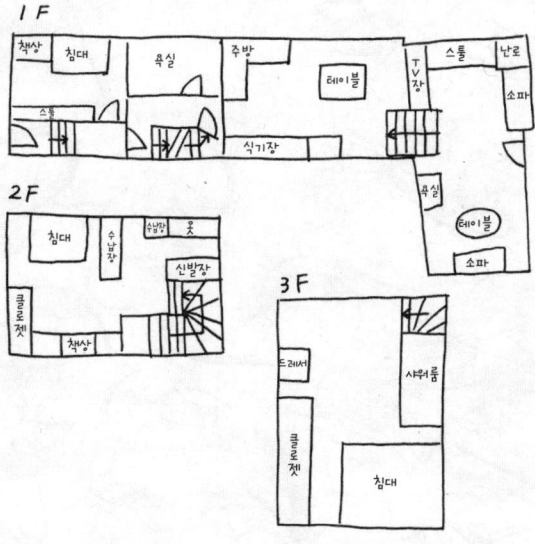

1 F

책상 | 침대 | 욕실 | 주방

테이블

TV장 | 스툴 | 난로

소파

스툴

식기장

욕실

2 F

침대 | 수납장 | 선반장 | 옷

신발장

클로젯

책상

테이블

소파

3 F

드레서

샤워룸

클로젯

침대

그래픽 디자이너인 피피 씨가 사는 곳은 아틀리에
와 자택 사이에 초록 식물이 가득한 정원이 있는 독
창적인 공간이었다. 직업상 디자인에 대한 호불호
가 확실한 그녀는 집 안을 꾸밀 때 아이들과 취향이
달라서 곤란할 때가 있다고 한다. 서로 포기할 수 없
는 부분이 있어 그 타협점을 찾아 맞추는 것이 과제
라고. 다만, 아이들의 의견도 존중해야 하기 때문에
무턱대고 안 된다고 하지 않고 엄마가 어째서 이 디
자인을 좋아하는지, 어째서 이 디자인을 싫어하는
지 설명한다. 반대로 아이들이 어째서 그 디자인을
좋아하는지 귀 기울여 듣는다. 그 대화를 통해 아이
들의 감각이 크길 바라는 엄마의 마음도 있다. 예를
들어, 친구들이 다 입었다는 이유로 히어로가 그려
진 티셔츠를 무심코 선택하지는 말았으면 하는 바
람 같은 것이다.
그러면서 가족끼리 합의한 수납 원칙은 '집 안 분위
기를 해치는 것은 감추기'다. 평소에는 문이나 커튼
을 활용해서 안 보이게 하고 보고 싶을 때나 필요할
때만 보이도록 한다.

Fifi Mandirac 피피 만디락

나이/직업 43세 / 그래픽 디자이너

주거 단독주택

집 구조/넓이 3LDK + 드레싱룸 + 아틀리에 / 200㎡

가족 구성 4인 가구 (부부 + 두 아이)

거주 기간 9년

친구 결혼식에 직접 디자인한 카드를 보낸 일을 계기로 발랄하고 행복
이 가득한 그림이라는 입소문이 나기 시작, 2000년에 그래픽 디자인 회
사를 설립했다. 자택에 아틀리에를 마련하여 그래픽 디자이너 일과 주
부 일 모두 성공적으로 해내고 있다. 온라인으로 상품을 구입할 수 있다.
홈페이지 shop.fifimandirac.com

주거 공간 너머로 피피 씨의 아틀리에가
보인다. 1, 2층 모두 전면 유리라서 중정
의 초록 식물을 보며 일할 수 있다.

2F CHILDREN'S ROOM

2층 아이 방

정리가 즐거운 아이 방 만들기

여덟 살인 딸아이 옷장은 티셔츠, 원피스 같은 옷을 아이템별로 정리해서 라벨을 붙였다. 간혹 어질러져 있을 때도 있지만 기본적으로는 스스로 관리하게 한다는 피피 씨.
어디에 무엇을 수납할지 처음에는 함께 생각해서 정했지만, 지금은 딸이 스스로 생각해서 조금씩 자기 스타일대로 바꾸고 있다고. 자기 물건을 정리하는 연습 장소이기도 하다.

아이가 혼자서도
척척 정리할 수 있게

딸이 스스로 관리하는 옷장.
옷걸이 방향이 가지런하다.
커다란 라탄 바구니에는 장난
감을 대충 수납했다.

Closed

데스크 코너는 남편의 아이디어로 'IKEA'의 롤 스크린을 달았다. 책상 위가 지저분할 때는 스윽 내려서 가린다.

행복을 부른다는 은방울꽃 무늬 벽지가 사랑 스러운 방. 대나무 봉과 레이스로 꾸민 캐노피 침대는 엄마와 아빠의 솜씨!

강렬한 붉은색 벽면 앞에 비치한 옷걸이에 화려한 색상의
옷을 걸어서 부티크 분위기로 꾸민 피피 씨의 옷방.

천장 바로 아래 선반에는 컬러풀한
미니 트렁크나 앤티크 모자, 클러치
백 등을 수납했다. 눈에 보이게 수납
하니까 옷장 속 깊은 곳에서 잠들어
있는 물건이 없다.

CLOSET

클로젯

구두를 좋아하는 그녀의 전용 신
발장. 커튼으로 가릴 수 있다. 구
두가 너무 많아 40켤레나 처분해
야 했다고.

다섯 살인 아들 방에도 엄마 아빠가 직접 만든 집 모양의 작은 침대가 있는데 매트 아래로 수납공간까지 딸려 있다. 바퀴가 달려
있어서 방의 구도를 바꿀 때도 힘들이지 않고 옮길 수 있다.

1F CHILDREN'S ROOM

1층 아이 방

하얀 수납 가구에는 의류와 장난감
을 수납한다. 아이들이 스스로 수납
하기에 딱 좋은 높이.

장난감은 자동차, 동물 등 아이템별
로 대충 나눠서 수납하니까 시키지
않아도 아이가 알아서 잘 치운다. 가
지고 놀다 한번 잃어버린 장난감은
그날 안에 찾지 못하면 영영 잃어버
리게 된다는 걸 가르치고, 놀고 나면
바로 치우는 습관을 들이는 게 그녀
의 방침.

정신사나운
포스터는
안 보이게!

엄마가 평소에 질색하는 히어로 포스터는
문 뒤에 붙인다. 꼭 붙이고 싶어 하는 아들
과 이렇게 타협점을 찾는 것으로 해결.

아들 사진을 귀여운 사진엽서로 만들어서
장식했다. 과연 그래픽 디자이너 엄마다운
감각.

2층 클로젯과는 분위기가 딴판인 침실. 침대에서는
하얀 벽과 원목 옷장, 빛이 스며드는 창문만이 보이
는 단조로운 공간이다. 차츰차츰 꾸며나갈 생각이었
는데 지내다 보니 아무것도 없는 이 방이 가장 마음
이 편하다고, 직업상 다양한 컬러를 보며 일하기 때
문에 마음 편히 쉴 수 있는 미니멀한 공간이 필요했
던 모양이다.

BEDROOM
침실

거울 앞에 올려진 화장품이 왠지 모르게 여성스
럽다. 부부가 쓰는 침실이지만 눈에 들어오는 것
은 그녀의 물건뿐이고 남편의 물건은 어디에도
없다는 사실!

대초적으로 문 안쪽은
컬러풀하게!

옷장의 절반 이상이 자신의 공간
이고 구석의 작은 문 하나가 남
편 차지라며 웃는 피피 씨. 옷은
같은 컬러끼리 모아놓지 않고,
초록색 옷 옆에 하얀색 옷을 거
는 식으로 일부러 강렬한 색상을
대비시키는 걸 좋아한다고.

Closed

KITCHEN AND DINING ROOM
주방 + 식당

벽 쪽에 전면 유리창을 내어 중정의 초록 식물을 감상하며 식사한다.
창밖으로 보이는 초록빛 집은 아이들을 위해 지은 미니 하우스.

벽과 가구를 화이트로 통일한 식당. 좁은 공간인데도 창을 내어 채광에 신경 썼다.

① 진짜 냉장고는 수납고 안에 빌트인되어 있다. 일본 주택에서는 쉽게 볼 수 없는 구조지만 프랑스에서는 흔하다고. 냉장고를 가리게 되면 생활감이 단숨에 사라진다.

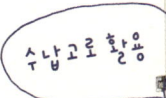

수납고로 활용

② 고장 난 냉장고를 버리지 않고 수납고로 이용. 할아버지가 1945년에 구입해서 쓰시던 것인데 디자인이 마음에 들어서 버리지 않고 쓴다. 위 칸에는 요리할 때 쓰는 조미료를 넣었고 아래 칸에는 콘플레이크나 과자 같은 것을 아이들이 꺼내기 쉽게 넣어두었다.

블랙과 화이트의 모노톤에 컬러풀한 소품으로 개성을
더한 주방. 'IKEA'의 시스템 주방에 나무 손잡이를 달
아 이 집만의 스타일로 리폼.

① 적당한 높이에 단 상부장. 왼쪽에는 유리잔이나 고블릿을, 오른쪽 상단에는 반숙 계란을 놓는 에그 스탠드를 가지런히 수납. 피피 씨의 시간 단축 메뉴.

피피 씨가 자주 사용하는 식기들. 식사용 접시는 모두 화이트 컬러다. 카페오레 볼이나 티세트 같은 것으로 색을 더하는 것이 그녀의 방법.

② 가운데를 기준으로 양 옆으로 갈수록 조금씩 키가 큰 양념병을 가지런히 진열했다. 하단에는 물건을 거의 놓지 않아 전체적으로 밸런스를 맞췄다.

커트러리는 바로꺼낼수있는위치에

평소 자주 사용하는 조리 도구는 물병에 한꺼번에 수납한다. 실리콘 제품은 좋아하지 않는지 손때가 묻은 듯한 나무 주걱이 당당하게 꽂혀 있었다. 일이 바빠도 아이들 음식은 직접 만들어 먹이고 싶은 듯.

③ 수도 없이 여닫았을 자동 개폐 쓰레기통 시스템! 문을 열면 문 뒤에 있던 쓰레기통이 앞으로 나오면서 뚜껑까지 자동으로 열린다. 피피 씨가 만든 것인 줄 알았는데 홈센터 같은 곳에서 파는 제품이라고.

쓰레기통 구조에 대해 열심히 설명하는 피피 씨. 보고 싶지 않은 것은 문 뒤로 감추는 그녀의 수납 방법을 여기서도 발견했다.

천장에 난 창을 통해 자연광이 쏟아지는 거실. 밤에는 집 안에서 달과 별을 여유롭게 감상할 수 있다.

LIVING ROOM

거실

천장에 닿을 듯한 높은 수납 가구가 압권. 부모님이 선물해주신 오스트리아에서 건너온 빈티지 봉제용품 수납장에는 손이 잘 닿지 않는 위 칸에는 케이블 종류나 편지를 수납하고, 중간에는 양초나 선글라스 등 자주 사용하는 것을 수납한다. 아래 칸에는 아이들이 쓰는 문구류 같은 것을 수납한다.

거실에서 계단을 올라가면 식당이 있는 구조. TV 아래에는 그림 책이 잔뜩 있다. 홈 파티에서 어른들만의 시간이 필요할 때, 아이들은 이곳에 모여 놀게 한다고.

가구나 액자는 수수한 원목 소재인 데 반해, 꽃병이나 오브제는 디자인 이 독특하고 컬러도 경쾌한 것을 고 른다고. 피피 씨의 개성이 빛난다.

욕실과 세면대 사이에 세탁기를 놓고 사용하지 않을 때는 커튼으로 가린다.
좋아하는 패턴의 패브릭을 골라 생활감을 지우니 인테리어의 일부처럼 보인다.

BATHROOM

욕실

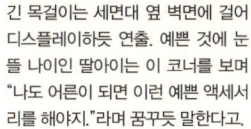

긴 목걸이는 세면대 옆 벽면에 걸어
디스플레이하듯 연출. 예쁜 것에 눈
뜰 나이인 딸아이는 이 코너를 보며
"나도 어른이 되면 이런 예쁜 액세서
리를 해야지."라며 꿈꾸듯 말한다고.

외출용 가방을 세탁물 바구니로 사
용. 매일 세탁기를 돌리기 때문에 네
식구 빨랫감도 이 정도 크기면 충분
하다고. 문손잡이에 걸어놓으니 자
리도 차지하지 않는다.

앤티크 스타일의 캐니스타에는 일
본에서는 사용하지 않는 세탁기용
석회중화제를 담아둔다. 프랑스 물
은 석회질이 많은 경수라서 파이프
가 막혀 세탁기가 고장 나는 일도 있
다고. 세탁기에 세제와 함께 넣어 사
용한다.

집이 아틀리에

**차고를 개조해서 꾸민
파리 교외의 단독주택**

나탈리 드라에

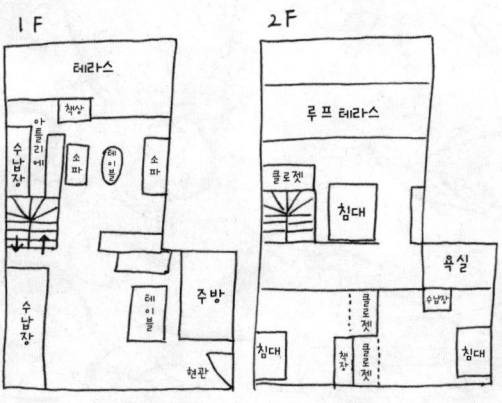

merci
beaucoup

나탈리 씨가 남편 그리고 세 아이와 함께 사는 집은 파리 동쪽의 몽트뢰유라는 교외에 위치한다. 이전에는 파리 소재의 아파트에서 살았는데 아이들이 태어나면서 집이 점점 좁게 느껴졌다. 그래서 2007년, 현재 사는 단독주택을 구입했고 대대적인 개축 공사를 통해 지금의 집을 완성했다.

조명 디자이너인 남편은 건축에도 관심이 많아서 집을 증축하거나 수납고를 제작할 때도 직접 설계해서 DIY로 만들 만큼 솜씨가 훌륭하다. 차고를 주거 공간으로 개축하거나 수납을 위한 다락방을 만드는 등 차근차근 살고 싶은 집으로 고쳐 지었다. 부부가 서로 의견을 나누며 집을 고쳐나가는 과정은 무엇이 우선인가를 함께 공유하는 작업이기도 하다. 장기간에 걸쳐 공사를 하다 보니 물건이 정리되지 않은 어수선한 환경 속에서 살면 머리가 복잡하고 평온한 마음을 유지하기 어렵다고 경험한 나탈리 씨. 이후로는 수납이나 정리가 얼마나 중요한가를 실감하면서 산다고.

Nathalie Delhaya 나탈리 드라에

나이 / 직업	40세 / 액세서리 디자이너
주거	단독주택
집구조 / 넓이	3LDK + 드레싱 룸 / 90㎡
가족 구성	5인 가구 (부부 + 세 아이)
거주 기간	8년

그래픽 디자이너로 커리어를 쌓다가 2006년, 액세서리 브랜드 'Mademoiselle Ninon'을 론칭. 색색의 유리구슬을 사용해 만든 핸드메이드 액세서리는 복고풍의 로맨틱한 매력을 발산하여 파리를 비롯한 프랑스 각지의 편집숍에서 인기를 얻었다. 벼룩시장이나 프리마켓을 돌아다니며 골동품이나 빈티지 가구 같은 이야기가 있는 오브제 모으기를 좋아한다고.

한쪽 벽 전면을 차지한 수납장. 남편이 직접 설계하고 제작한 것.
모든 선반에 문을 달지 않고 오픈 공간을 둔 것은 압박감을 덜기 위
해서다. 책을 좋아하는 나탈리 씨가 언제라도 책을 골라 읽을 수 있
도록 했다고. 프랑스인다운 시크한 뉘앙스가 멋지다.

LIVING ROOM

거실

① 수납장 오른편은 일부러 수납공간
을 없앴다. 화장실로 이어지는 동선에
공간적 여유를 두기 위한 아이디어.

② 중앙은 주로 아우터를 거는 공간. 현
관 바로 정면에 위치해서 자연스러운
동선으로 옷을 걸 수 있어 편하다.

③ 부피가 커서 거치적거리는 청소기
나 빗자루, 쇼핑 카트, 앞치마 같은 것
을 수납하기 위해 설계한 안쪽 공간.

KITCHEN

주방

60년대의 낡은 주방을
쓰기 편한 공간으로 손질

세 아이의 엄마로 자연스레 주방에서 보내는 시간이 많다 보니 사용하기 편한 공간으로 꾸미는 데 포인트를 둔 아이디어가 곳곳에서 반짝인다. 일부러 최신형 스타일로 리모델링하지 않고 이 집에 원래 있던 오래된 주방을 조금씩 고쳐가며 사용한다. 작업 공간을 넓히거나 수납장과 오픈 선반을 설치하고 식기세척기, 세탁기를 배치하면서 매일 하는 집안일을 보다 손쉽게 할 수 있도록 지혜를 더해갔다. 프랑스의 시골을 연상시키는 노스탤직한 분위기가 매력적이다.

비좁지만 아기자기한 주방

자연광이 스며드는 주방은 옛날 그대로의 모습을 살리고 싶어서 시스템 주방이 아닌 하나하나 짜 맞췄다. 가스레인지는 일반 사이즈가 아닌 깊이가 얕고 불이 세 개 나란히 있는 '스메그Smeg' 제품을 선택해서 공간에 맞췄다.

문 뒤에는 양념병과 식기류가 얌전하게 정렬되어 있다. 식기장 아래에는 오픈형 긴 선반을 달아 건조식품이 담긴 병을 나란히 놓으니 마치 레스토랑의 주방처럼 활기가 넘쳐 보인다. 프랑스의 전통 있는 브랜드 '르파르페Le parfait'의 밀폐 유리병은 인테리어로도 손색이 없다.

꼬그려 앉지 않아도 꺼낼수 있어요

가림막 커튼은 키친클로스를 이용해 만든 것으로 시어머니의 솜씨. 싱크대 아래에는 판자를 달아 조리 도구를 수납했다. 웅크려 앉지 않아도 꺼낼 수 있는 상단에는 자주 쓰는 프라이팬을, 하단에는 반찬통을 수납.

싱크대, 조리대와 마주한 벽면에 끝에서 끝까지 목제 상판을 걸어 만든 작업 공간. 전기 주전자나 토스터처럼 자주 쓰는 가전제품을 놓는다. 세탁기나 식기세척기도 꼭 맞게 들어가도록 높이와 깊이를 맞춰서 설계했다.

꼭 맞아요!

인테리어에서 천덕꾸러기 신세인 전자레인지도 상
부장과 일직선이 되게 설치하니 깔끔하다. 작업대도
널찍하게 사용할 수 있다.

설탕이나 밀가루는 예쁜 병에 옮겨 담아서

폭이 깊지 않게 설계한 선반은 밀폐 유리병을 예쁘게 놓기에
딱 좋다. 설탕이나 밀가루, 잡곡 등을 유리병에 담아 장식하
는 것이 프랑스 스타일.

주방 도구는 대충 하나로 모으기

러시아 인형 마트료시카처럼 나란히 놓은 귀여운
앤티크 도제 캐니스터는 그녀가 골동품 시장에서
우연히 발견한 보물이다. 오래된 거지만 프랑스 가
정에서는 지금도 사용하는 사람이 많다고.

직접 꾸민
주방이에요!

LIVING AND WORKSPACE

거실 + 작업실

거실은 빈티지 소파와 로 테이블을 배치해 깔끔하게 연출. 프랑스 사회에서는 거실 = 어른들의 공간이라는 인식이 있어서 아이들 물건을 놓지 않는 가정이 많은데, 이 집에서는 장소를 확실하게 정하는 것으로 해결했다. 계단 아래의 공간을 활용해 아이들의 물건을 수납.

보석 장인이 사용했다는 손때 묻은 옛날 작업대. 높이와 커브 각도 그리고 작업물 찌꺼기를 그대로 떨어뜨릴 수 있게 매달 아놓은 패브릭까지 모든 게 쓰기 편해서 마음에 든다고. 옆에 보이는 블랙 서랍장은 옛날 시계 상인이 행상을 할 때 쓰던 것을 아버지의 대를 이어 사용 중.

거실에 파티션을 세워 만든 작업 공간. 시선을 차단하기 위해 조금 높게 설치해서 미처 작업대를 정리하지 못해도 소파에서 쉬고 있는 가족들 눈에는 보이지 않는다.

나뭇가지에 목걸이를 걸어둔 아이디어가 액세서리 디자이너답다. 나뭇가지에 반짝이는 라메 칠을 한 센스 역시 돋보인다.

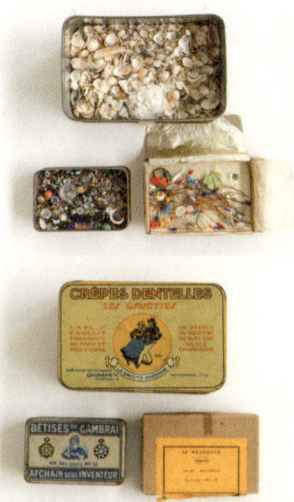

빈티지 용기를 재활용하는 점도 앤티크를 좋아하는 그녀답다. 사진 속 틴케이스는 프랑스 사람이라면 누구나 잘 아는 유명한 과자와 사탕 케이스다. 아래 오른쪽 틴케이스는 시계 부품이 들어 있던 옛날 것.

작업대 위에 있는 작은 서랍이 쪼르륵 달린 수납함에는
작업을 할 때 자주 사용하는 자잘한 부품을 분류해서 넣
었다.

메추리알팩을
활용

작업에 사용하는 비즈를 메추리
알 팩에 분류해 담아 쓴다. 사용
할 만큼만 조금씩 담을 수 있어
서 편할 듯.

'Mademoiselle Ninon'의 액세서리를 걸어놓는 홀더도 남편의 작품. 가느다
란 나무와 쇠 봉을 조합한 다음 좋아하는 색으로 페인트칠했다.

큰딸이 중학교에 입학하면서 벽을 막아 공간을 둘로 나눈 아이들 방.
좁은 공간을 최대한 활용하기 위해 남편이 로프트 스타일 가구로 디
자인한 것이다. 위는 침대. 아래는 책상과 리빙 공간으로 사용한다.

CHILDREN'S ROOM
아이 방

옷장을 들이는 대신 오픈형 수납장을 설치. 가림막 커튼 뒤에는 손잡이를 당기면 내려오는 수납랙이 있다. DIY숍에서 구입해서 설치한 것으로 옷을 걸어 높은 곳까지 공간 낭비 없이 활용한다.

아직 어린 둘째와 셋째는 방을 함께 사용한다. 위는 딸, 아래는 아들의 베드 스페이스. 깊이가 얕아 쓰기 편했던 식기장을 아이들이 좋아하는 아이보리색으로 다시 칠해서 아이 방에 놓았다. 이 집에 이사 온 이래로 새 가구를 거의 사들이지 않았다니 놀랍다.

세면대 제작부터 벽면 타일 시공까지 모두 부부가 함께 완성한 욕실. 묵직한 세면대가 올려져 있는 가구는 원래 재봉틀이었다고. 발상의 자유로움이 감탄스러울 뿐.

BATHROOM
욕실

앤티크 거울 옆 공간에는 새 모양 후크를 달아 목걸이를 걸어놓았다. 높이를 다르게 하니 새의 실루엣이 생동감 있게 느껴진다.

BEDROOM
침실

뚜껑 달린 수납함을
테이블 대신으로

나이트 테이블로 사용하고 있는
수납함에는 일과 관련된 아이디어
노트 같은 것을 보관한다. 평소에
자주 꺼내 쓰는 게 아니라서 이곳
에 수납해도 문제없다.

아파트에 살던 시절 복도에 두고 쓰던 수납장
을 지금은 침실에서 활용한다. 디자인이 심플
한 수납장은 집이 바뀌어도 활용하기 편하다.

새 물건이라도 반드시 빈티지한 느낌의 아이템을 더해서 쓰는 나탈리
씨. 침실은 그녀의 삶의 철학이 잘 나타난 공간이다. 남편이 만든 가구
에 전부 문을 달지 않고 일부는 그녀가 프리마켓에서 구입한 패브릭을
이용하여 시어머니가 만들어주신 커튼으로 가렸다. 양쪽 수납장에는
티셔츠나 속옷처럼 접어서 수납하는 의류를 넣었다.

그녀가 영감의 원천이라고 부르는 복도 한켠. 그녀와 아이들이 그린 그림이나 좋아하는 아티스트의 사진과 일러스트, 골동품 시장에서 발견한 오브제 등, 마음에 드는 물건만 모아두었다. 벽을 장식하는 건 수납과 마찬가지로 머릿속의 번뜩임을 밖으로 표출하는 일이다. 보기에도 좋고 기능성에도 충실하도록 늘 신경 쓴다고.

8

그 여자 수납, 그 남자 인테리어

남녀가 조금씩
만들어 나가는 집

에띠엔느 메르시에 + 후루카타 아사코

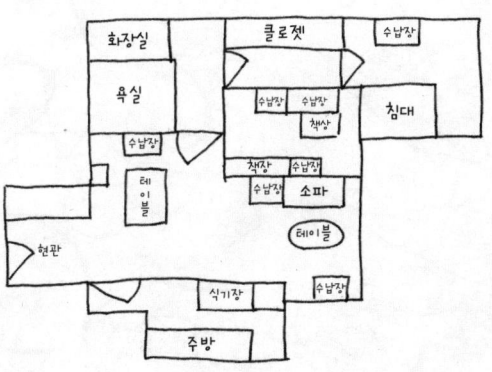

프랑스에서는 '근대 건축'에 속하는 70~80년대에 지은 아파트를 근사하게 다시 꾸며서 사는 아사코 씨와 에띠엔느 씨. 주방은 싱크대와 가스레인지, 수납장까지 모두 'IKEA'에 주문한 것이고 벽면은 좋아하는 색으로 페인트칠했다. 오래 사용한 듯한 타일과 바닥재에서 느껴지는 온기는 일본의 옛날 집 같은 인상이다.

'에로 사리넨Eero Saarinen' 같은 북유럽 빈티지 가구도 건물 분위기와 잘 어울린다.

예전에 아사코 씨가 일본에 살게 되었을 때, 들고 갈 짐은 트렁크 하나, 집에 남겨놓을 짐은 다섯 상자로 정하고 쓸데없는 것은 모조리 정리한 적이 있었다. 그때의 경험이 꼭 필요한 것만 소유하는 지금의 라이프 스타일로 이어진 것 같다. 프랑스에서는 기부 형식의 리사이클 시스템이 확립되어 있으며 적극적으로 활용한다. 버리는 게 아니기 때문에 물건을 처분해도 아깝지 않거니와 정리 정돈하기 쉽고 무엇보다도 물건이 다음 주인을 만나는 게 좋다.

Etienne Mercier 에띠엔느 메르시에
Asako Furukata 후루카타 아사코

나이 / 직업 34세 / 영화 관계 35세 / 촬영 코디네이터
주거 아파트
집 구조 / 넓이 2LDK / 90㎡
가족 구성 2인 가구
거주 기간 1년

프랑스에서 태어난 아사코 씨는 일본 광고 코디네이터. 에띠엔느 씨는 영화 소도구 담당으로 일한다. 두 사람 모두 파리 동쪽의 11구를 좋아해서 집을 구할 때는 위치를 가장 우선적으로 정한 다음, 4개월 동안 본격적으로 찾아 헤맸다고.

놀랄 만치 장서들이 가득한 서재. 인테리어 콘셉트는 영화 데커레이터로 일하는 에띠엔느 씨의 몫이다. 아사코 씨는 살기 편한 집으로 꾸미려면 어떤 수납 시스템이 좋을지에 관심이 많기 때문에 역할 분담이 확실하다. 인테리어에 관해서는 그 일을 좋아하며 안목이 있는 에띠엔느 씨에게 전부 맡기고 일절 참견하지 않는 게 공동생활을 원활하게 하는 비결이라고.

서재 선반에는 주머니 속의 물건들을 일시적으로 꺼내놓을 수 있는 트레이가 있다. 일본풍을 의식한 인테리어와 조화를 이루는 디자인이라서 전체적으로 잘 어울린다.

STUDY

서재

'무인양품'과 'IKEA'로 컬러 통일

네모반듯한 수납용품과 파일을 규칙적으로 채워 넣은 서재 책장.
각 칸마다 높이를 가지런하게 맞추니 보기에도 깔끔하다.
수납용품은 '무인양품'과 'IKEA'로 통일. 'IKEA'의 서류함은 블랙
과 차콜그레이 두 가지 색으로 분류해서 일과 관계된 서류를 보관한
다. '무인양품'의 PP케이스는 포개서 수납장 안에 꼭 맞게 넣어서 서
랍 안에는 필요한 문구류와 공구를 가지런히 수납했다.

LIVING AND BEDROOM

거실 + 침실

거실은 미드센트리의 빈티지 가구를 중심으로 건물 분위기와 어울리는 복고풍 이미지로 연출했다. '에로 사리넨'의 암체어와 북유럽 분위기의 우드 빈티지 체스트, '라스브레이즈' 디자인의 낮은 유리 테이블까지 모던한 디자인을 선택. 조명은 간접조명만으로 네 모퉁이에 높이를 달리해 배치했더니 빛이 사방으로 퍼져 공간 전체가 포근한 인상이다. 일본의 전통 종이를 바른 전기스탠드는 '이사무 노구치'의 디자인.

집에 손님을 초대할 때면 트레이에 마실 것과 안주로 곁들일 견과류를 준비해서 식사 전에 가볍게 권한다. 식전주는 식탁이 아닌 소파에서 환담을 나누며 즐긴다고.

둘이서 같이 페인트칠을 한 침실. 프랑스에서는 임대라도 DIY 설치나 벽면 페인트칠이 가능하다. 'String'의 책장도 직접 설치한 것이다.

KITCHEN
주방

프랑스에서는 오픈 주방 타입이 유행이라는데 아사코 씨는 일부러 독립된 주방을 선택했다. 피곤하거나 손님을 많이 초대한 날, 그리고 설거지나 주방을 정리할 시간이 없을 때는 사용한 그릇들을 일단 옮겨놓기만 해도 식탁이나 거실이 바로 깔끔해진다.

아침에 일어났을 때, 어질러진 식탁을 보고 싶지 않다는 아사코 씨. 깔끔하게 정리된 거실에서 상쾌한 아침을 맞이하고 싶다는 그녀의 기분을 충분히 알 것 같았다.

그 외, 정리 비결로는 귀한 물건이라고 깊숙하게 모셔두지 않고 충분히 즐기는 것이다. 쓸 때마다 기분 좋은 물건은 애착이 생겨서 정리하는 일도 즐거운 법. 정말 마음에 쏙 드는 물건을 소유하게 되면 만족감이 생겨서 쓸데없는 물건을 사들이지 않는 효과까지 기대할 수 있다.

문 안에는 밀가루, 설탕, 머스터드, 오일이나 커피, 홍차 같은 티 종류를 보관한다. 선반 사이즈에 꼭 맞는 수납용품을 찾는 중인데 그때까지 이 상태로 참을 거라고.

오픈 수납도 쓰기 편하게

주방 뒷면의 선반. 높아서 꺼내기 어려운 맨 위 칸에는 저울처럼 자주 사용하지 않는 것을 수납하고, 꺼내기 쉬운 가운데 칸에는 자주 사용하는 양념병 등을 수납한다.

냉장고 옆면에 마그넷 후크를
붙여서 에코백을 걸었다. 안에
오븐장갑 같은 것을 넣어 부족
한 수납공간을 해결.

그대로 들고 버리러 나간다

시장에서 사 온 와인 가방에 빈 병이나 페트병 같은 재활용 쓰
레기를 일시적으로 담아둔다. 보기에도 예쁘고 그대로 들고 아
파트 공용 쓰레기장으로 갈 수 있는 좋은 아이디어.

무인양품

IKEA

자주 사용하는 주방 도구는 'IKEA'의 스
탠드에 꽂아둔다. 오일이나 양념병은 내
용물이 흘러 바닥이 더러워질 수 있으니
'무인양품'의 트레이에 올려놓는다. 아래
의 원목 받침은 원래 빵을 자를 때 쓰는
커팅보드인데 여기에 치즈나 파테를 담
아 그대로 식탁에 낸다고.

주방 문 뒤에는 풀이 달린 청소
용품을 걸어놓는다. 풀을 걸어둘
수 있는 편리한 아이템은 일본
가정에서도 요긴하게 사용할 것
같고 디자인도 예쁘다. 마레 지
구에 위치한 BHV 백화점에서 구
입한 것.

상부장에 수납한 식기. 작은 체구의 아사코 씨의 키에 맞춰서 하단에는 자주 쓰는 물건을 수납한다. 수납공간을 전부 채우지 않고 전체의 80% 정도로 넉넉하게 수납하기 때문에 넣고 꺼내기 편해서 스트레스가 없다.

역시 '무인양품'이었네요

금세 정리 끝!

'IKEA' 시스템 키친의 서랍에는 조리 도구나 양념병을 분류 수납. 여기에서도 병이 쓰러지지 않도록 '무인양품'의 케이스를 활용한 지혜가 돋보인다.

깔끔한 공간을 위한 작은 트레이

열쇠나 동전 같은 주머니 속 소지품을 잠시 꺼내놓는 트레이.
프랑스에서는 '비드 포셰트'라고 부르는 아이템인데 거의 모
든 가정에서 현관 앞에 두고 쓴다. 이 집에는 현관 말고도 집
안 곳곳에 이런 트레이가 준비되어 있어서 집 안을 깔끔하게
유지하는 듯.

아사코 씨의 의류를 수납한 옷장. 'IKEA'의 신발
장이나 서랍을 요긴하게 사용하고 있다. 옷과 신
발은 시즌별로 바꿔 수납하는데 이 공간에 들어갈
만큼만 넣고 쓴다. 한두 해 동안 입지 않은 것은 한
시적으로 종이 쇼핑백에 담아두었다가 나중에 기
부를 하거나 재활용으로 처분한다.

청소기 호스를 고정하는 아이
템. '세상에 이렇게 편리한 게
있다니!'라고 감동했다. 'Leroy
Merlin' 같은 홈센터에서 구입할
수 있는 것인데 일본에서도 수요
가 있을 듯.

처음부터 달려 있던 박스형 전기
차단기. 80년 초반 물건으로 복고
풍 디자인이 멋스럽다.

공간이 깔끔해 보인다

컬러 사용이 아티스틱한 집

안 카제 + 마크 죠아워

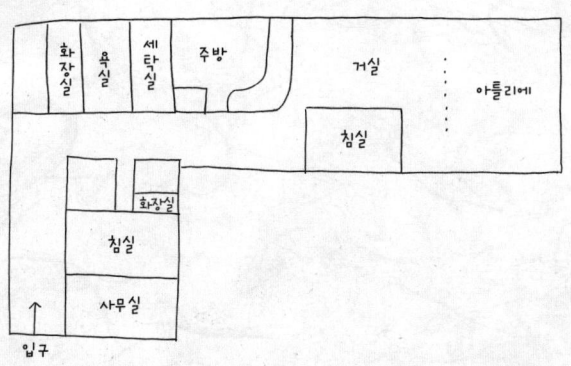

아틀리에로 사용하던 넓은 공간에 책장과 서랍장을 배치하여 아티스트다운 독창적인 장소로 연출한 안과 마크 부부가 사는 집. 안 씨는 의상 디자이너라는 직업상 색상에 대한 개성이 다른 사람보다 뚜렷해서 거실은 흰색과 베이지색으로 통일시키고 주방은 옅은 블루 톤을 택했다. 컬러를 통일하는 것만으로도 훨씬 정리된 느낌이다. 이런 색상에 대한 고집은 수납에 있어서도 한결같아서 식기나 리넨 종류까지 색상별로 모아둔다.

시야에 물건이 많이 보이지 않고 깔끔한 공간을 좋아하는 안 씨와는 대조적으로 남편 마크 씨는 앤티크를 비롯해 다양한 물건을 수집하는 것을 좋아한다. 그러한 부부의 의견 차이도 '보이고 싶은 건 보이고 가리고 싶은 건 가린다'라는 규칙을 정해서 절충하고 있다고.

모든 물건에 제자리를 정해주고 쓰고 나면 다시 제자리에 넣는 정리 정돈의 기본 규칙을 제대로 실천하기 때문에 이런 아름다운 공간도 유지할 수 있으리라.

주거 공간이 어지러우면 머릿속도 어지러운 법. 그러니 정돈된 환경을 유지하기 위해 많은 것을 장식하지 않도록 주의한다.

Anne Kaszer 안 카제
Marc Giaoui 마크 죠아위

나이 / 직업 56세 / s의류 디자이너 58세 / 의사
주거 아파트
집 구조 / 넓이 3LDK + 창고 / 190㎡
가족 구성 2인 가구
거주 기간 12년

부인 안 씨는 자신의 패션 브랜드 '안 카제'를 론칭한 디자이너. 남편 마크 씨는 의사이자 그래픽 디자이너이기도 하다. 최근 베를린에도 아파트를 구입해서 재단장에 여념이 없다.
홈페이지 www.annakaszer.com

LIVING ROOM

거실

정신 사나운
잡다한 물건은 모두 배제

큼지막한 소파가 놓여 있는 거실은 화이트 컬러를 기조로 그레이와 베이지를 적절하게 섞은 공간에 초록 식물까지 많아서 상당히 쾌적한 느낌이다. 이 집의 자랑이기도 한 대형 DIY 벽면 수납장 역시 화이트로 페인트칠을 하니까 주변의 인테리어와 조화를 이루어 압박감이 거의 없다. 소파는 미니멀한 디자인으로 정평이 난 파리의 브랜드 '로쉐보보아Roche Bobois' 제품.
거실은 작업 공간이기도 하기 때문에 집중에 방해되지 않는 인테리어를 선택한다고 말하는 안 씨의 환한 얼굴이 인상적이었다.

내용물을 위쪽이 아닌 옆에서 꺼내는, 일본에서는 보기 어려운 타입의 서류함. 파리 시의 도서관에서 오래전 사용하던 것으로 거의 100년 전 물건이라고. 수납된 상태 그대로 내용물을 꺼낼 수 있어서 편리하다.

벼룩시장에서 구입한 레코드 케이스. 마크 씨가 수집 중인 레코드는 DIY 선반에 수납하는데 디자인이 마음에 드는 몇 장은 이곳에 꽂아 인테리어에 악센트를 주었다.

beau!

손잡이는
나사와너트

메시 스틸을 나무틀에 끼워 만든 DIY
책장. 공간에 압박감을 주지 않는 재료
를 사용하는 지혜를 발휘했다.

스르르

아티스틱한 공간

의상을 제작할 때 사용하는 토르소도 인테리어의 일부가 되도록 둔다. 키 큰 화분을 일부러 높은 곳에 두고 천장까지 닿게끔 배치함으로써 거실과 아틀리에를 자연스럽게 분리시키는 효과를 연출했다.

남편의 컬렉션. 다양한 시대의 초인종과 벨이 아름답다. 붙박이장에 못을 박고 걸어서 보이는 수납으로 장식.

ATELIER AND STOREROOM

아틀리에 + 창고

청소용품은 현관 근처에 수납. 좁고 긴 삼각형 공간이라 수납을 하기에는 불편하지만 벽면 후크에 걸거나 작은 선반을 달아 효율적으로 사용하고 있다. 양동이나 빗자루, 세제 같은 것은 누가 봐도 바로 알 수 있도록 제각각 자리를 정해놓은 점이 훌륭하다. 청소는 일주일에 두 번, 두 시간 동안 시간제 도우미, 서비스 팜 드 메나주에 의뢰한다. 프랑스에서는 가사도우미의 도움을 받는 것은 흔한 일이며 청소기를 돌리거나 바닥, 주방, 화장실 청소, 창문 닦기, 다리미질까지 폭넓게 맡긴다.

KITCHEN AND DINING ROOM

주방 + 식당

다이닝 공간은 안 씨의 희망대로 물건을 줄였
다. 의자는 '잭 이티에Jacques Hitier'의 빈티
지 디자인으로 하는 등 인테리어 선택에 있어
서도 취향이 분명하다.

퍼플이 섞인 블루로 통일시킨
주방. 사진으로는 잘 보이지
않지만 냉장고도 같은 톤으로
직접 페인트칠했다.

오픈 타입의 주방. 지인들을 자주 불러 디너를 즐기는데 평소
자질구레한 청소는 아내가 하고 요리는 남편이 직접 한다고. 프
랑스에서는 집으로 친구들을 초대해서 디너를 즐기는 일이 흔
하다.

안쪽까지 정갈하다!

상부장 안에 수납된 그릇들. 색상이나 모양별로 깔끔하게 정리했다. 새 그릇을 살 때도 가지고 있는 것들과 색상과 디자인이 어울리는지 생각하고 결정한다고.

시각화!

뚜껑에 라벨링을 해서 시각화하기

서랍 안에 수납한 양념병 뚜껑에는 라벨링을 해서 내용물을 적었다. 보면 바로 알 수 있게끔 시각화해야 한다는 원칙을 정하고 필요한 것은 바로 찾을 수 있게 한 작은 지혜다.

마음에 드는 물건일수록 일상에서 활용

파리 말고도 아파트를 하나 더 소유하고 있는 베를린이나 여행지에 가면 반드시 벼룩시장 구경을 즐긴다는 남편. 우연히 손에 넣게 된 진기한 앤티크 커트러리도 귀하다고 모셔두기만 하지 않고 평상시 사용한다고.

BATHROOM

욕실

모노톤으로
스타일링

샴푸나 보디클렌저 용기도 화이트와 블랙으로 철저하게 통일시켰다. 튜브에 든 제품은 용기에 한데 모아둔다.

세면대 옆에는 플레이트를 놓고 평소 자주 하고 다니는 액세서리를 보관한다.

세면대 아래 체스 무늬 박스에는 타월을 수납한다. 핸드 타월, 페이스 타월, 바스 타월까지 모두 화이트로 통일.

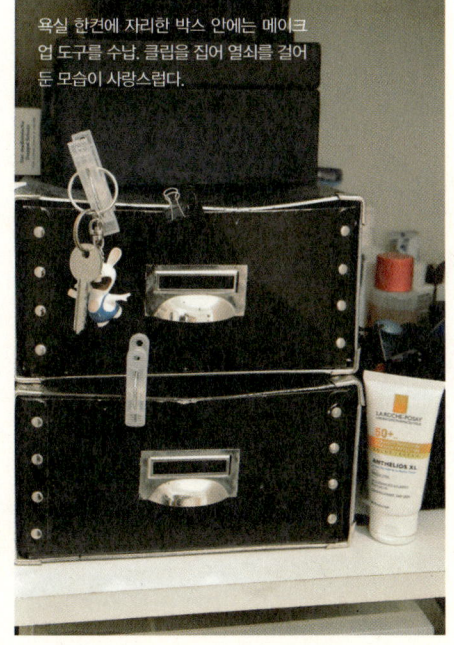

욕실 한켠에 자리한 박스 안에는 메이크업 도구를 수납. 클립을 집어 열쇠를 걸어둔 모습이 사랑스럽다.

욕조 옆에 수납 케이스나 가방을 놓고 주머니 속 동전 같은 소지품을 보관한다. 색상을 모노톤으로 깔끔하게 통일시키는 것이 안 씨의 수납 원칙. 화장품이나 헤어용품 때문에 어수선해지기 십상인 공간을 아름답게 정돈했다.

Closed

화이트 수납장에 책과 옷
을 수납하고 같은 계열의
화이트 커튼으로 가렸다.
커튼을 닫으면 벽면과 하
나가 되어 깔끔하다.

BEDROOM

침실

침대를 높이 설치하고 2단으로 수납할 수 있는 서랍
을 짜 넣었다. 수납력이 짱짱한 이 서랍 안에는 남편
의 옷이나 진귀한 서적의 판화 등 깐깐하게 고른 수
집품을 보관하고 있다고.

Case

10

혼다 사오리의
정리 수납 기본 원칙

혼다 사오리

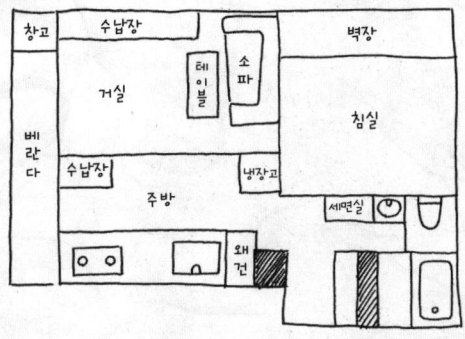

우리 집은 두 개의 방과 하나의 주방이 있는, 지은 지 40년 된 2K의 공동 주택이다. 결혼을 해서 이 비좁은 집으로 이사를 오고부터 어떻게 하면 이 공간에서 쾌적하고 편하게 생활할 수 있을까 궁리해왔다. 넓은 집도 마찬가지일 테지만 좁은 집은 더욱 수납의 지혜가 커다란 과제다.

부모 세대 정취가 물씬한 우리 집에는 요즘 크기보다 조금 작은 느낌의 주방과 엄청 깊고 큰 벽장이 있다. 그 밖에 수납할 곳이라고는 현관 신발장뿐. 좁아도 여유롭게 살고 싶어서 방에 커다란 수납 가구를 들이지 않고 원래 있던 수납장만으로 모든 걸 해결하고 싶었다.

그래서 어쩔 수 없이 수납이나 생활 동선에서 몇 번이나 시행착오를 겪었다. 한번 수납해보았다가 조금 더 편하게 넣고 꺼낼 방법은 없을지, 조금 더 깔끔하고 쾌적하게 수납할 수는 없을지 끊임없이 손을 움직여야 한다. 왜냐하면 실제로 생활해봐야 알 수 있는 일도 있고 생활 습관이나 나이의 변화에 따라 수납과 동선 또한 변하기 때문이다.

지금 사는 우리 집은 그런 시행착오의 결과물이자 동시에 앞으로도 변화해 나갈 성장 과정이기도 하다.

Saori Honda 혼다 사오리

나이 / 직업 31세 / 정리 수납 컨설턴트
주거 아파트
집구조 / 넓이 2DK / 40㎡
가족 구성 2인 가구
거주 기간 5년

지은 지 40년 된 2K의 사택에서 남편과 둘이 산다. 방 두 개 모두 일본식 다다미 방이고, 수납할 수 있는 곳은 벽장뿐인 조건하에 편하게 정리할 수 있는 수납 시스템 구상에 여념이 없다. 올해 가족이 늘게 되면 수납공간과 가사 동선도 바꿀 예정이다.

우리 집 수납 도구의 모든 것

주방

무인양품

스테인리스 매단 수납랙.
유리잔 수납 및 물받이(판매 중단).

커피 드리퍼 걸이(판매 중단).

100엔숍

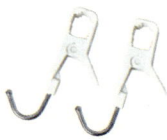

채소 필러와
색상이 강한
설거지용 스펀지 걸이.

선반 모퉁이에 걸어놓은
도마 걸이용 고리.

홈센터

냄비받침 걸이.

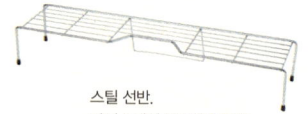

스틸 선반.
다이소에서 300엔에 구입.

가위 걸이용 고리.

자주 사용하는 컵 걸이용 고리.
'BOLTS HARDWARE STORE'
오리지널.

싱크대 위

니토리

수납랙으로 사용하는
월 셀프(폭 60cm).

IKEA

평소에 사용하지 않는
식기류, 꽃병 같은 것을 수납.
VARIERA 박스(W24×D17×H10.5cm).

종이컵이나 나무젓가락
수납(판매 중단).

홈센터

2단 수납에 쓰는 버팀봉.

싱크대 아래

IKEA

약상자 안 칸막이.

종이 쇼핑백으로 틈새 수납.
PLUGGIS 매거진 파일
(W7.5×D24×H32cm).

100엔숍

A4파일 스탠드.
문 뒤에 양면 접착테이프로
고정시켜놓고 자주 사용하는
1군 용품 수납.

무인양품

보존용기와 약,
도시락통, 물통을 수납.
PP케이스 깊은 서랍
(W26×D37×H17.5cm).

주방용품 수납.
PP케이스 깊은 서랍
(W14×D37×H17.5cm)

원두커피 기구 수납.
PP 메이크 박스
(W15×D22×H16.9cm)

약 상자 안 칸막이.
PP 메이크 박스 1/2 하프
(W15×D11×H8.6cm)

우리 집 주방
수납 도구의
모든 것

무인양품

소모품 수납.
PP 추가용 저장 용기
(W18×D40×H21㎝).

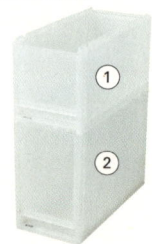

① 공구와 세제 수납.
PP 추가용 저장 용기
(W18×D40×H21㎝).

② PP 추가용 깊은 저장 용기
(W18×D40×H30.5㎝).

100엔숍

문 뒤에 걸어놓고
걸레 수납.

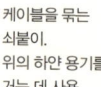

케이블을 묶는
쇠붙이.
위의 하얀 용기를
거는 데 사용.

네트

문 뒤에 걸어놓고
지퍼팩 수납.

무인양품

프라이팬을 세워서 수납.
PP 스탠드 파일박스 A4용
(W10×D27.6×H31.8㎝).

병 종류를 한데 수납.
PP 정리 박스 3
(W17×D25.5×H5㎝).

IKEA

문 뒤에 100엔숍에서 산
소쿠리를 걸었다.
LILLÅNGEN 행거.

네트

냄비 뚜껑을 수납하는 행잉 수납랙.

문 뒤에 걸어놓고
양념병 수납.

서랍

무인양품

수저처럼 길고 가는
물건 수납(판매 중단).

주방 도구를
한데 모아 수납.
PP 정리박스
(W11.5×D34×H5cm).

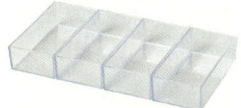

100엔숍

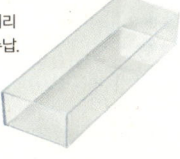

짧은 커트러리 종류, 작은 종지,
도시락 칸막이 등 수납.

긴 커트러리
종류를 수납.

기타

빈 푸딩 병.
디저트용 포크를
한데 모아 수납.

가스레인지

무인양품

가스레인지 후드 안쪽에
집게를 걸어놓는 알루미늄 후크
마그넷 타입 S.

IKEA

냄비, 프라이팬 걸이용 고리.
GAUNDTAL S자 후크.

싱크대

무인양품

스펀지, 핸드워시,
주방용 세제 수납(판매 중단).

홈센터

싱크대 안에 달아서
수세미를 걸어둠.

걸이식 수납

IKEA

슈퍼마켓 비닐봉지와 행주를
넣어두는 에코백을 걸어놓는다.
GAUNDTAL S자 후크.

홈센터

싱크대 하부장 문에 붙여두고
배수구망을 담은 에코백을
걸어놓는다.

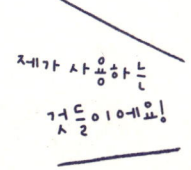

제가 사용하는
것들이에요!

수납용품을
사용하지 않았을 때

수납용품을
사용했을 때

188

똑똑한 수납용품 활용으로
물건을 넣고 꺼내기 쉬운 주방으로

정리 정돈에 젬병인 어떤 사람이 '수납용품 세 개를 사들이면 물건이 세 개 더 늘어나니까 그만큼 더 지저분해지는 게 아니냐'고 굳게 믿고 있었다. 그래서 바닥에 그대로 물건을 늘어놓거나 물건 위에 물건을 올려두던 결과, 안쪽에 넣은 물건은 넣기도 꺼내기도 어려울뿐더러 눈에 보이지 않으니 잊게 되고, 그러니 또다시 사들이게 돼서 물건은 점점 늘어만 갔다. 미아가 되어버린 물건을 찾는 스트레스가 자꾸만 쌓여가는 악순환의 연속이었다.

만약 수납용품을 사용하고도 집 안이 너저분하다면 그것은 적절한 수납을 하지 않고 있기 때문이다. 여기서 포기하지 말고 그 결과를 살려서 궁리하다 보면 쓰기 편한 수납 방법을 반드시 발견할 것이다. 수납용품을 제대로 활용하면 수납양도 많아지거니와 깊숙한 곳에 넣어둔 물건이라도 넣고 꺼내기 쉬워지고 모든 물건의 자리가 명확해지는 등 수납이 획기적으로 달라진다.

한편, 정리 정돈을 좋아하는 사람이 빠지기 쉬운 함정은 수납용품을 예쁘게 보이려고만 하거나 빈틈없이 꽉꽉 채워 물건을 정리하는 데 있다. 자잘한 것이나 안쪽에 수납한 것까지 꺼내기 쉬워야 한다는 수납의 본래 목적을 잊지 말아야 한다. 수납용품은 무엇보다도 넣고 꺼내기 쉽도록 활용하는 것이 포인트.

실천! 정리 수납 5단계

방치하지 않는다

필요한 걸 찾느라 시간 허비는 물론 금세 어질 러진다. 집 안에 그런 장소는 없을까? 아무려면 어때, 하고 방치해두는 시간이 길어질수록 물건 은 불어나고 먼지는 수북하게 쌓여서 더욱 정리 하기 어려워진다. 그대로 내버려두면 점점 마음 만 무거워지니 못 본 척하지 말고 그때그때 해 결하는 것이 가장 편한 길이다.

Step 2

전부 꺼낸다

식기장, 책장, 옷장 속 물건을 모두 꺼낸다. 같 은 물건이 다른 장소에도 있다면 그것까지도. 다 꺼내놓고 보면 같은 물건이 여러 개 있기도 하고, 사용하지 않는 물건이 있기도 하고, 잊어 버리고 안 쓰는 물건도 있을 것이다. 자신이 어 떤 물건을 소유하고 있으며 어떻게 활용하고 있 는지 파악하는 일이 중요하다.

Step 3

분류한다

자주 사용하는 1군과 가끔 사용하는 2군, 거의 사용하지 않는 것으로 사용 빈도에 따라 분류. 사용하지 않는 물건 가운데 앞으로도 사용하지 않을 것 같은 것은 처분하고, 사용할 것만 꺼내 쓰기 쉬운 곳에 자리를 정해준다. 버리기 망설 여지는 것은 보자기로 싸서 반년에서 1년 정도 놔두면 마음도 정리될 것이다.

1군   2군

수납한다

매단 선반

물건을 포개 넣으면 아래 있는 것은 꺼내기 어렵다.
Ⓐ 공간이 비었다고 해서 물건을 쑤셔 넣으면 와르
르 무너지는 사태를 초래한다.
Ⓑ 사용한 물건을 앞쪽에만 놓다 보니 다른 그릇은
꺼내기 어려운 상태.
Ⓒ 수납용품과 수납한 물건의 크기, 무게가 적절하
지 않으면 쓰러지기 쉽고 넣고 꺼내기도 불편하다.

▼

Ⓓ 싱크대 위에 식기건조대 겸 수납 역할을 하는 매
단 선반을 달고 유리컵 자리로 쓴다.
Ⓔ 후크를 걸면 한 손으로 꺼낼 수 있는 '매단 수납'
이 가능.
Ⓕ 수납랙을 2단으로 놓아 1군 그릇용으로 편리한
수납 공간을 넓혔다.

파리에서도 매단 수납 발견!

① 자주 쓰는 머그컵을 수납랙 옆에 걸었다. 싱크대
가까이에 생수통이나 커피 세트가 있기 때문에 그
자리에서 커피를 내릴 수 있다.

싱크대 위

자리를 확실하게 정하지 않으니 온갖 물건이 뒤섞여
있다. 높은 상부장 뒤쪽은 보이지도 않고 손도 닿지
않아 물건이 사장되기 십상.
Ⓐ 제자리가 정해져 있지 않으니 같은 물건이 여기
저기 있다.
Ⓑ 뒤쪽에 뭐가 있는지 전혀 보이지 않는다.
Ⓒ 선반 공간을 절반도 사용하지 못하고 있다.

▼

① 어쩌다 가끔 쓰는
캠핑용 식기나 꽃병
은 수납 케이스에 담
아 상부장 상단에 수
납. 제자리가 확실하
면 쉽게 잊어버리지 않으니까 잘 보이지 않는 곳에
상자째 둔다 해도 문제가 없다.

② 수납랙을 놓아 단
을 만들면 앞의 그릇
에 가려졌던 뒷부분까
지 잘 보인다. 눈에 잘
보이면 더 자주 사용
하게 된다.

③ 버팀봉식 선반을
걸어 상부장의 데드
스페이스를 활용. 종
이컵 같은 것을 수납.

싱크대 아래

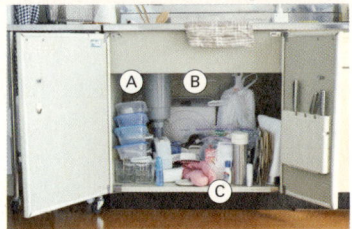

주방에는 모양과 용도, 재질이 제각각인 물건이 모여 있다. 대충 포개 넣다가는 언제 무너져 내릴지 모르고 깊은 곳에 무엇이 있는지도 모른다.
Ⓐ 언제 무너져 내릴지 모르는 반찬통들.
Ⓑ 뒤쪽의 전기 조리기는 꺼내기를 포기해야 할 듯.
Ⓒ 어디에 쓰는 건지 모름.

▼

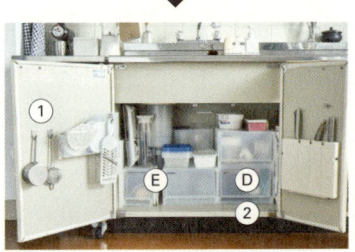

Ⓓ 종류별로 서랍에 수납하여 제자리를 지정.
Ⓔ 자주 쓰는 반찬통은 꺼내둠.

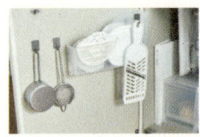

① 후크나 케이스를 문 뒤에 달아 수납 공간이 생겼다. 요리를 하다가 쓱 꺼낼 수 있다. 1군 자리로 최고.

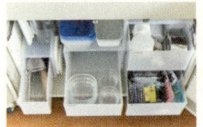

② 서랍을 열면 모든 물건이 보인다. 서랍 안이라도 포개 넣으면 아래 것은 없는 것이나 마찬가지.

왼쪽부터 가끔 쓰는 도구, 유리 용기, 도시락통과 물통. 서랍에 라벨링을 해서 필요한 것을 바로 찾는다.

조리대 아래

물건을 놓을 자리가 바닥뿐이라 포개서 놓다 보니 어디에 무엇이 있는지 모른다.
Ⓐ 빈 상자에 넣을 때도 내용물 표기.
Ⓑ 조리 기구와 곰팡이 제거용 세제가 한 공간에.

▼

Ⓒ 서랍 위를 선반 삼아 자주 사용하는 볼을 쪼그려 앉지 않아도 꺼낼 수 있는 높이에 수납.

파리 사람들도 쓰더군요!

① 무엇이 얼마나 있는지 바로 파악할 수 있는 수납. 쓸데없이 쟁여두는 것도 공간 낭비.

왼쪽부터 세제류, 공구, 행주와 랩. 세제는 트레이 위에 올려놓으면 액체가 흘러도 안심이다.

② 문 뒤에 수납랙을 달아 지퍼팩을 넣는다. 미니 박스에는 작은 걸레를 넣어두고 그때그때 청소한다.

냄비는 모양이 제각각이라 좁은 공간에 꺼내 쓰기 편하게 수납하기가 어렵다. 뚜껑 또한 포개놓기도 세워놓기도 어렵기는 마찬가지.

▼

Ⓐ 액상 양념병 수납. 종이 쇼핑백 바닥에 키친페이퍼를 깔면 액체가 흘러도 안심.

① 버팀봉 두 개를 걸쳐놓고 수납랙을 달아 냄비 뚜껑 자리로.

② 파일박스를 뉘어서 프라이팬 수납. 포개 넣지 않고 박스 하나씩 자리를 정해놓으면 꺼내 쓰기 편하다.

③ 문 안쪽에 걸어둔 수납랙. 참기름 같은 조금씩 쓰는 양념병 자리.

매번 사용하는 도구 중 몇 가지만 골라서 보이는 수납으로 꺼내놓는다.

① 전에는 큼직한 스틸 스탠드에 1군을 모두 정렬해뒀는데 지금은 계량스푼이나 짧은 조리용 젓가락 등만 컵에 꽂아둔다. 공간도 넓어졌고 보기에도 깔끔하다.

② 매일 쓰는 프라이팬이나 작은 냄비는 꺼내서 걸어놓는다. 팔만 뻗으면 되니 편하다.

수없이 바꾸다가 가장 편리한 상태로 정돈된 서랍. 지금까지는 스틸 스탠드에 꽂아두었던 국자를 오른편에 수납했다. 도구를 쓸 때마다 서랍을 여닫아야 하지만 깔끔할뿐더러 대충 수납해도 돼서 만족.

싱크대

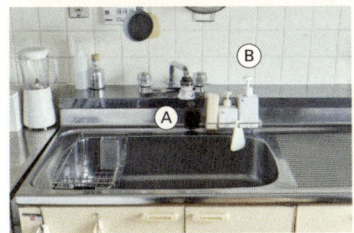

수납랙에 모아두면 스펀지도 금세 말라서 청결하게 관리할 수 있다. 바닥에 닿은 면적이 작으면 닦을 때 방해가 되지 않아 청소하기도 쉽다.
Ⓐ 흡판식 후크를 이용해 솔을 걸었다.
Ⓑ 화이트로 통일하니 눈에 보여도 깔끔하다.

걸이식 수납

문 쪽에 좋아하는 에코백을 걸어서 1군 소모품 수납.

왼쪽부터 슈퍼마켓 봉지, 행주, 배수구망. 오른쪽의 기다란 패브릭 주머니를 발견했을 때는 무척 반가웠다고.

주방 벽에 양면테이프를 이용해 후크를 달고 에이프런이나 시장 가방을 건다. 파리에서 사 온 월계수 잎도 걸려 있다.

Step 5

가시화한다

서랍 안. 조미료나 건조식품을 병에 담아서 위에서 보이게끔 내용물을 라벨링했다. 옮겨 담는 게 번거로울 때도 있지만 사용하기도 편하고 보기에도 깔끔하다.

수납랙 서랍을 닫은 상태. 안에 무엇이 수납되어 있는지 알면 어디에 두었는지 찾느라 고생할 필요가 없다.

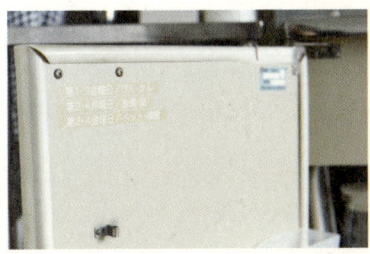

하부장 문 안쪽에 쓰레기 분리수거 날짜를 붙여두었다. 필요할 때 열어보면 바로 알 수 있다.

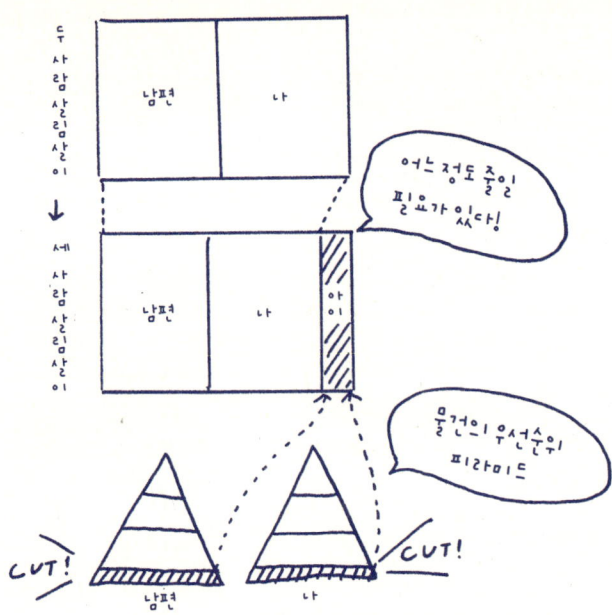

벽장의 쁘띠 단식

우리 집 이야기를 하자면 이제 곧 아이가 태어날
예정이다. 하지만 가족이 불어난다고 해도 집이
커지는 건 아니기 때문에 제한된 공간에 아이 물
건을 놓을 자리까지 마련해야 한다.

어린이용 옷장이나 수납 가구가 많지만 그런 것
은 얼마 쓰지 못한다. 게다가 두루 쓰기도 어려
우니 물건에 맞춘 수납이 아니라 수납에 물건을
맞추게 된다. 안 그래도 식구가 늘었는데 수납
가구 때문에 집 안이 더 비좁아진다면 문제가 심
각해진다. 어떻게 하면 수납 공간을 늘리지 않고
지금 있는 수납으로 꾸려나갈까를 생각하는 게
우선일 듯.

그러기 위해서는 부부가 같이 물건을 줄일 필요
가 있었다. 모든 물건에 우선순위를 정하고 보니
아래로 갈수록 안 쓰거나 잊고 지내던 물건이 있

다는 걸 알게 되었다. 그것들을 처분한 결과, 서
랍장 두 칸 정도의 공간을 확보할 수 있었다. 앞
으로 그곳에 어떤 물건을 넣을지, 무엇이 필요한
지 생각하기에 앞서 최소한의 준비물 이외에는
꼭 필요할 때 하나씩 마련하기로 했다.

이번 파리 방문을 통해 가장 인상적이었던 것은
물건을 사거나 심지어 주워다 쓸 때조차도 자신
만의 스타일이 확실했다는 점이다. 그리고 물건
을 소중히 오래토록 사용하는 점도.

임신, 출산에 관한 정보는 세상에 너무 많다. 이
것도 필요하다, 저것도 사야 한다는 말에 부담을
느꼈었는데 남들의 의견에 휘둘리지 말고 자신
과 가족에게 꼭 필요한 것만 갖추고 살아야겠다
고 새삼 느꼈다.

처분한 물건 리스트

옷 12가지
파티에 갈 때 입으려고 모셔뒀던 블라우스, 다른 옷과 맞춰 입기 어려운 옷, 불편해서 거의 안 입는 옷 등등.

구두 4켤레
냉증 치료를 시작하고 샌들 처분. 운동화는 끈을 매기 귀찮아서, 상복과 함께 신는 구두는 너무 낡아서. 첫 수제화지만 막 신다 보니 너무 낡아서 해외 출장길에 신고 나갔다가 버리고 옴.

스포츠웨어
고등학생 때 입던 운동복. 많은 추억이 깃든 옷이라 아쉽기도 했지만 이 정도면 충분하다는 생각에 결심.

책과 잡지 20권
읽지 않는 책이나 내 기사 페이지를 오려낸 잡지.

작업 도구, 과거 자료
다이모 라벨기는 테프라 라벨프린터 하나면 충분해서 처분. 한번도 사용하지 않은 벽 두께 측정 센서도 처분.

파우치 5개
좋아하다 보니 자꾸 모으게 된 파우치. 내 기사가 실린 잡지의 부록도 있고.

여권 케이스
추억이 많아서 두었는데 한동안 외국 나갈 일도 없어 처분.

빈 상자
수납에 쓸 만해서 챙겨둔 것. 늘 한두 개씩 쟁여두는데 이 습관 자체를 버렸다. 가지고 있는 수납으로 하기로 결정.

옷 16개!

스포츠웨어 보관함

이건 조금더 버려야할 듯……

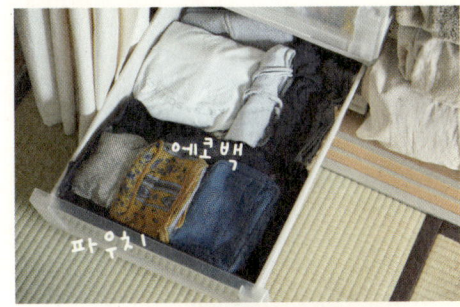

에코백

파우치

옷 4가지
너무 오래돼서.

책 5권
더 이상 읽지 않아서.

작업 도구
공부용 참고서는 이제 필요없으니까.

남편에게 필요 없는 물건을 고르게 할 때는 물건을 케이스에 담아놓으면 편리하다. 막연히 버릴 것을 고르라고 하기보다 눈앞에 케이스를 놓고 '꼭 필요한 것만 고르라'고 하니까 그 자리에서 바로 시작했다. 생각했던 것보다 훨씬 과감하게 척척 잘해줘서 내가 오히려 맥이 풀렸을 정도.

내 작업 도구

책 25권!

우리 집 수납 공간은 벽장뿐!
혼다 사오리의
공간 활용 테크닉

우리 집 수납 공간은 사진에서 보이는 벽
장과 현관의 신발장뿐이라 생활에 필요
한 모든 것을 쓰기 편하게 이 안에 수납
해야 한다. 벽장은 제법 깊어서 잘 보이
지 않기 때문에 꺼내기 불편한 안쪽 공간
을 어떻게 사용하느냐가 포인트다.
수납은 잘해두었는데 꺼내 쓰지 못한다면
의미가 없다. 따라서 안쪽으로 팔을 쑥 넣
을 수 있는 틈새와 앞으로 당기면 안쪽이
잘 보이도록 하는 지혜가 필요하다.
문제점을 발견하면 생각하고 실천에 옮
기면서 많은 시행착오를 거쳐 완성한 나
의 실험실 같은 곳이다.

Ⓐ 벽장 위 공간에는 철 지난 옷이나 당장 입지 않는
스포츠웨어, 추억이 담긴 앨범을 수납.
Ⓑ 의류 서랍 바로 옆에 후크를 달고 옷장에 들어가
지 않는 나의 긴 옷과 퇴근해서 돌아온 남편의 양복
을 건다.
Ⓒ 보디크림, 데오드란트가 담긴 라탄 바구니. 옷을
갈아입으면서 바디 케어를 동시에 한다.
Ⓓ 공간이 있으면 갑작스런 큰 짐을 일시 보관할 때
좋다. 수납장이 비었다고 뭐든 꽉꽉 채우지 말자.
Ⓔ 문을 떼어내고 대신 커튼을 달았다. 공간이 여유
로워지니까 쓰기 편하고 압박감도 덜하다.

① 버팀봉을 세로로 달아서 앞쪽
의 벽장 행거와 교차시켰다. 앞
쪽에는 자주 입는 옷을 걸고 안
쪽에는 철 지난 것을 건다.

② 벽장 행거에 소품 홀더를 ▢
달고 양말이나 벨트를 대충 수납
했다. 개수가 많지 않아 고르기
도 편하다.

③ 버팀봉을 세로로 달고 가끔씩 입는 예복 따위를 걸었다. 필요할 때 바로 알 수 있게끔 태그를 달아 존재감 어필.

④ 서랍 안에 칸막이 케이스를 넣고 옷을 세워서 수납. 옷끼리 섞이지 않아 꺼내 입기 편하다. 위에서부터 스타킹과 레깅스, 임부용 레깅스, 브라톱 등. 수납할 물건에 맞춰 케이스를 선택한다.

잠옷을 따로 담아놓는다. 벗어서 바로 넣을 수 있는 위치에 놓으면 벗은 옷을 아무 데나 팽개쳐놓는 일이 없다. 공간과 잘 어울리는 패브릭 제품.

서랍 옆 데드 스페이스에 '접착식 후크'를 달고 남편의 모자를 걸었다. 전에는 옷을 꺼내다 모자를 떨어뜨리고는 했다.

혼다 사오리의 수납법
최근 바뀐 부분들

'무인양품'의 수납함 두 개. 앞쪽 박스는 앞을 보게 하고 뒤쪽 박스는 옆을 보게 해서 두 방향으로 열 수 있는 자료 수납 공간 완성.

앞쪽 박스 측면에 걸려 있던 모자는 치워버리고
방에 있던 남편의 가방을 이곳에 수납.

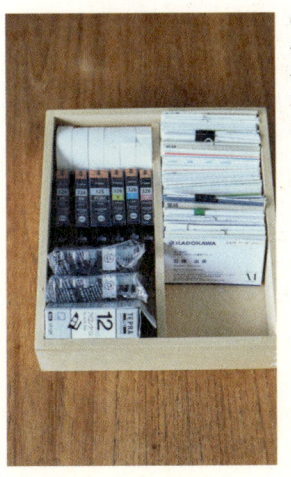

메이크업 제품이나 문구 케이스로 사
용하던 'IKEA'의 커트러리 박스. 지금
은 오른쪽에는 명함을, 왼쪽에는 잉크
와 마스킹테이프를 보관한다. 벽장 속
자료함에 넣어봤더니 마침 꼭 맞았다.

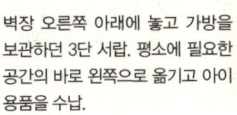

벽장 오른쪽 아래에 놓고 가방을
보관하던 3단 서랍. 평소에 필요한
공간의 바로 왼쪽으로 옮기고 아이
용품을 수납.

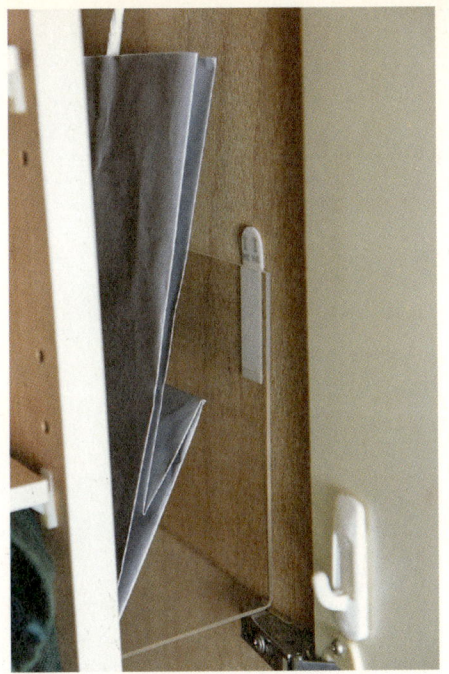

① 외출할 때 가끔씩 필요해지는 쇼핑백은 현관에 비치. 우산꽂이 위 데드 스페이스에 아크릴 칸막이를 달고 쇼핑백 장소로 사용한다.

② 관혼상제용 신발은 슈즈 케이스에 수납. 위에 다른 신발을 올려놓을 수 있다.

③ 버팀봉 두 개를 달아 신발 수납을 두 배로 늘렸다. 단화만 가능한 게 함정!

BEFORE

신발장은 우리 집에서 얼마 되지 않는 귀중한 수납장 중 하나다. 따라서 신발만 독차지하게 할 수는 없는 일. 어쩌다 가끔 보는 책이나 잡지, CD와 그 밖의 생활용품을 수납하고 헬스장을 갈 때 들고 가는 운동용품이나 방재용품 가방도 전부 이곳에 수납한다. 그러려면 신발을 잘 고르고 줄여서 공간을 확보하는 지혜가 필요하다.

왼쪽의 세로 한 줄은 신발을 좋아하는 남편 차지. 가장 위에 눈에 띄는 상자에 구두닦이 세트를 넣어두고 신발을 관리한다.

LIVING ROOM

거실

삶의 변화에 맞춰
집 안 동선도 바꾼다

BEFORE

앞으로 새로운 가족을 맞이할 우리 집. 과연 어떤 삶이
기다리고 있을지 상상하기 어려운 임산부의 몸이지
만, 움직이기 편하고 쾌적하게 살 수 있는 공간을 만들
기 위해 동선을 바꿔보았다.

우선 생각할 수 있는 것은 육아에 필요한 공간을 확보
해야 한다는 점과 아이를 키우느라 일할 시간이 줄 거
라는 점 정도. 결과적으로 PC책상을 버리기로 했다.
실은 아직 가구를 줄일 생각은 없었지만, 실제로 줄이
고 나니 집 안 전체의 가구 배치 가능성이 훨씬 커졌다.
지금까지 살아온 방식만을 고집하지 말아야겠다고 새
삼스레 깨달은 순간이었다.

좁은 집일수록
작은 변화로
큰 효과를 얻을 수 있다!

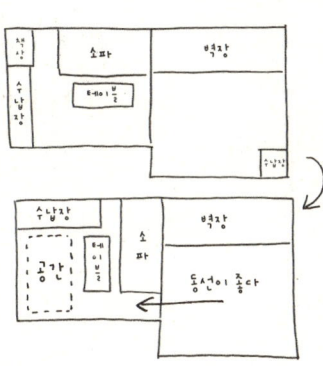

BEDROOM
침실

BEFORE

처분

변화 1

창가에 있던 낮은 테이블을 벽 쪽으로 옮겼더니 걷은 빨래를 놓아도 압박감이 없는 공간이 확보됐다. 최단 거리로 이불을 너는 동선까지 생긴 것은 뜻밖의 수확. 상상 이상으로 쾌적하다.

BEFORE

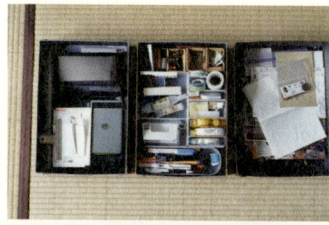

왼쪽 두 개는 서랍. 종이는 클립을 끼우거나 메시 파우치에 넣고, 자잘한 문구류는 칸을 막아 위치를 정했다. 오른쪽은 서랍 위에 놓은 임시 보관함. 한 달에 한 번씩 다시 보면서 처분하거나 제자리를 잡아준다. 군더더기 없이 튼튼한 '무인양품'의 경질 펄프 시리즈가 마음에 든다.

변화 2

BEFORE

처분

이전에는 PC책상에서 바로 손이 닿는 위치에 놓았던 파일 박스. 다음 작업장인 거실 테이블에서도 손이 닿는 곳으로 옮겼다. 다음 작업장이라고 해도 사실 조금 더 넓은 테이블에서 일할 때가 많아진 것뿐.

BEFORE

변화 3

낮은 테이블을 옮길 때 창가 옆 좁은 공간에 있던 목제 박스도 함께 옮겼다. 그리고 옆면을 사용할 수 있어서 액세서리를 걸었다. 박스가 있던 자리에는 버팀봉을 달고 가방을 걸었다. 커튼이 적당히 가려준다.

마치며

정리 수납 컨설턴트라는 직업상 지금까지 일본의 가정집은 200곳 이상을 방문했습니다. 다른 사람이 사는 곳에 가서 서랍 안이며 벽장 깊숙한 곳에 있는 상자를 꺼내서 뒤집어놓는 것은 늘 있는 일입니다. 그런 제가 프랑스인의 가정을 방문하여 그들의 수납을 속속들이 들여다볼 수 있는 엄청난 기회를 얻었습니다.

어떤 집이든지 그 집에 들어서는 순간 느끼게 되는 '그 집에 사는 사람의 색'이 있었습니다. 그 사람만의 정리 방법이며 오브제를 놓는 방법이 있고 아끼는 아이템과 거기에 연관된 스토리가 있어서 집 전체가 그 사람에 대해 말해주는 듯한 느낌. 남을 흉내 내지 않고 자신이 좋아하는 것과 자신이 쾌적하게 느끼는 것이 어떤 것인지를 중요시하여 스스로 생각하고 센스를 발휘한 공간을 만들더군요. 남들이 하는 걸 따라 하기 좋아하는 일본인들과는 달리 파리 사람들은 남들과는 다른 자신의 개성을 살리는 게 매력이라는 배경을 전제로 한다는 걸 피부로 느낄 수 있었습니다.

그리고 이 취재를 통해 감동을 받은 것은 다들 물건을 소중히 사용한다는 점입니다. 누군가가 버린 낡은 가구를 활용하기도 하고 몇십 년도 더 된 나무 상자를 수납용품으로 재활용하기도 하고 말이지요. 낡은 물건이라도 알맞게 쓸 수 있는 장소나 역할을 부여해서 다시 숨 쉬게 하는 센스에 감탄했습니다.

귀국 후 나는 내가 취재한 분들의 생활에 감화되어 집 안 살림살이의 위치도 바꾸고 수납 방법을 재점검하느라 여념이 없었습니다. 내 손이 가면 갈수록 집에 대한 애착도 커집니다. 이 책을 손에 드신 분들도 자신의 집을 사랑하셨으면 좋겠습니다.

옮긴이 박수지

일본에서 국어교육과를 졸업하고 현지 고등학교에서 한국어 교사로 재직하였다. 〈조제, 호랑이 그리고 물고기들〉, 〈세상의 중심에서 사랑을 외치다〉, 〈1리터의 눈물〉, 〈전차남〉, 〈크레용 신짱〉 등 다수의 영화와 드라마, 애니메이션의 영상 번역 작업을 하였다. 옮긴 책으로는 〈소녀에게는 어울리지 않는 직업〉, 〈아카쿠치바 전설〉, 〈청년을 위한 독서클럽〉, 〈우리 집에서는 아무 일도 일어나지 않는다〉, 〈기면관의 살인〉, 〈세상에서 가장 아름다운 서점〉, 〈페피타〉 등이 있다.

혼다 사오리의
집이 좋아지는 파리 수납

초판 1쇄 인쇄 2016년 10월 14일
초판 1쇄 발행 2016년 10월 21일

지은이 혼다 사오리
옮긴이 박수지

펴낸이 정상석
디자인 page101

펴낸 곳 터닝포인트(www.diytp.com)
등록번호 2005. 2. 17 제6-738호
주소 (121-869) 서울시 마포구 동교로27길 53 지남빌딩 308호
대표 전화 (02)332-7646
팩스 (02)3142-7646
ISBN 978-89-94158-03-7 13590
정가 13,000원

이 도서의 국립중앙도서관 출판예정도서목록(CIP)은 서지정보유통지원시스템 홈페이지(http://seoji.nl.go.kr)와 국가자료공동목록시스템(http://www.nl.go.kr/kolisnet)에서 이용하실 수 있습니다. (CIP제어번호 : CIP2016023731)